KB0034040

영업 최고수의 성공 세일즈 노하우

월 1억 수익
젊은 부자들

월 1억 수익 젊은 부자들

초판 1쇄 인쇄 2017년 6월 15일
초판 1쇄 발행 2017년 6월 20일

지은이 심길후

펴낸이 채규선
마케팅 신광렬

펴낸곳 세종미디어(등록번호 제2012-000134, 등록일자 2012.08.02)
주 소 경기도 고양시 덕양구 화정동 1141
전 화 070-4115-8860
팩 스 031-978-2692
이메일 sejongph8@daum.net

값 16,000원   ISBN 978-89-94485-35-5 (03320)

ⓒ2017, 심길후 · 세종미디어

* 이 책의 내용을 무단 복제하는 것은 저작권법에 의해 금지되어 있습니다.
* 잘못 만들어진 책은 구입하신 곳에서 교환해드립니다.
* 세종미디어는 독자 여러분의 원고 투고를 기다리고 있습니다.

이 도서의 국립중앙도서관 출판예정도서목록(CIP)은 서지정보유통지원시스템 홈페이지
(http://seoji.nl.go.kr)와 국가자료공동목록시스템(http://www.nl.go.kr/kolisnet)에서 이용하실 수
있습니다.(CIP제어번호: CIP2017013260)

영업 최고수의 성공 세일즈 노하우

월 1억 수익
젊은 부자들

미러 뉴런, 성공하고 싶다면 성공한 사람과 함께하라

심길후 지음

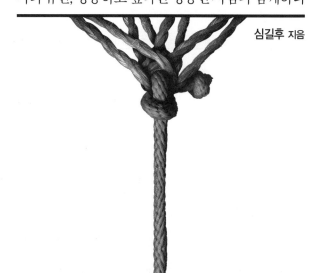

세종
MEDIA

'이야, 시간 참 빨리 간다.'

여러분도 이런 생각을 해보신 적이 있으실 겁니다. 세상을 바쁘게 살다 보면 시간의 흐름이 더욱 빠르게 느껴진다고 합니다. 저 역시 마찬가지입니다. 지난 10년을 되돌아보면 열심히 산 만큼 시간이 정신없이 흘렀습니다. 정말 많은 변화가 저에게 일어났습니다. 세상도 몰라보게 변했습니다.

'앞으로 어떤 기술이 생겨나고 발전할까?'

인터넷이 발달한 상황에서 저는 늘 이런 생각을 합니다. 지금은 프린터로 물체를 뽑아내는 3D프린팅과 사람이 가상의 세계에서 실제와 같은 체험을 할 수 있도록 하는 가상현실(VR) 기술뿐만 아니라 알파고로

4

대표되는 인공지능의 출현으로 세상이 더욱 빠르게 변화하고 있습니다.

여러분도 이런 변화를 실감하고 계시겠죠? 그렇다면 여러분은 이런 변화에 어떻게 대응하고 계신가요?

"좋아, 세상이 바뀌고 있구나. 새로운 기회가 우리에게 찾아올 거야."

이렇게 생각하며 변화를 새로운 기회, 자신을 더욱 발전시킬 수 있는 기회로 여기는 사람들은 그만큼 도약의 기회를 더 빨리 잡습니다. 시청하고 싶은 TV 프로그램을 보기 위해, 또는 청취하고 싶은 라디오 프로그램을 듣기 위해 휴대전화에서 안테나를 뽑아 들고 여기저기 돌아다니는 사람은 안테나를 뽑았는데도 아무것도 나오지 않는 휴대전화를 멀뚱히 바라보며 그저 신호가 잡히기만을 기다리는 사람보다 변화에 대응하는 속도가 빠를 수밖에 없습니다.

이에 반해 변화를 싫어하고, 기존의 지식과 방식에 안주하려는 사람은 어떤가요? 현실에 안주하다 도태될 수밖에 없다는 것은 이제 많은 분이 알고 있습니다. 세계적으로 유명한 필름회사들도 디지털 카메라가 대중화할 거라는 변화의 흐름을 예측하고, 그것에 적응하지 못해 어려움을 겪었습니다. 그들과 같은 길을 걷다가 무너진 기업도 꽤 있습니다.

변화에 대응하는 것은 기업만의 몫일까요?

여러분은 어떻게 생각하시나요? 당연히 아닙니다. 변화의 중심에 국가와 기업이 있다면, 변화는 국가의 구성원, 기업의 구성원들에게 큰 영향을 끼칩니다. 때문에 우리는 변화에 누구보다 빨리 긍정적으로 대응

해야 합니다.

우리는 영업인입니다. 세상에 영업을 빼놓고 말할 수 있는 이슈가 얼마나 있을지 저는 모르겠습니다. 다섯 살짜리 아이도 500원짜리 사탕이 먹고 싶다면, 무턱대고 엄마를 조를 게 아니라 엄마라는 상대가 자신이 원하는 행동을 하도록 설득해야 합니다. 그래야 원하는 사탕을 더 쉽게 얻을 수 있습니다. 휴대전화 제조업체에서 최신 제품을 만들어 세상에 내놓았을 때 고객을 설득하여 구매를 유도하는 것도 같은 이치입니다. 다만 기업은 막대한 금액을 쏟아 부어 개발한 휴대전화를 판매하기 위해 고객을 설득하는 일을 '영업'이라 부를 뿐입니다.

아시다시피 TV에 나오는 광고만 보고 휴대전화 제조업체에 직접 연락해서 전화기를 구매하는 고객은 거의 없습니다. 대부분은 인터넷 사이트에 들어가 기종을 살펴보고, 여러 가지 조건을 꼼꼼히 따져보고 나서 상담원에게 연락하거나 대리점을 찾아가 상담을 한 후에 구매를 결정합니다. 상담원이나 대리점에서 일하는 직원이나 모두 영업사원이라고 할 수 있습니다. 그러니 실질적인 판매는 대부분 영업사원을 통해 이루어지고 있는 셈입니다. 기업에서 상담원과 대리점을 모집하는 이유가 바로 여기 있습니다.

1970~80년대만 해도 세일즈맨들, 다시 말해 영업인들이 상품이나 서비스를 판매하는 일은 상대적으로 수월했습니다. 공급이 부족해 기업에서 물건을 만들어 세상에 내놓으면 사람들이 앞다퉈 구매했기 때문입

니다. 더군다나 지금처럼 상품이 다양하지 못해서 고객의 선택은 제한적일 수밖에 없었습니다. 크기나 디자인 등이 마음에 들지 않아도, 그야말로 '만들어진 대로' 살 수밖에 없었던 것입니다. 또한 미제와 일제에 대한 선호도가 높아 외국산 제품은 당연히 판매가 잘되었습니다. 따라서 여러모로 영업하기 편했던 것이 사실입니다.

하지만 이제는 상황이 180도 달라졌습니다. 새로운 상품을 만들어 시장에 내놓으면 무조건 팔리던 시대는 오래전에 지나갔습니다. 기업의 수는 물론 경쟁 업체들이 예전과는 비교할 수 없을 정도로 늘어난 지금, 시장에는 비슷한 상품과 서비스가 널려 있습니다. 고객은 인터넷 서핑을 통해 여러 상품을 비교 분석하며 이것저것 따져본 후에 원하는 상품을 선택할 수 있습니다. 심지어는 사고자 하는 상품을 '최저가'로 구매할 수 있도록 도와주는 사이트도 있습니다.

그러다 보니 우리 영업인들의 상황은 매우 어려워졌습니다. 기업이 무한경쟁의 상황에 놓인 만큼 그 기업 안에서 활동하고 있는 영업인들의 상황도 열악해진 것입니다. 대표적인 이유 두 가지를 들면 다음과 같습니다.

첫째, 고객의 경우 상품이 다양해진 덕분에 원하는 것을 취사선택할 수 있는 폭이 넓어졌습니다. 커스터마이즈Customized, 즉 기존의 대량생산 제품을 개인의 필요와 요구에 맞춰 제작하게 된 상황에서 영업인이 취급하는 상품 중에 고객이 원하는 상품이 없다면 판매는 이루어지기 힘듭니다.

둘째, 영업시장에서 활동하는 인력이 늘어났습니다. 생산업체가 계속 고용을 줄이고 있고, 여기에 성공한 영업인들이 돈을 많이 벌었고, 또 계속 많이 벌고 있다는 사실이 알려지면서 영업시장에 뛰어드는 젊은이들이 점차 늘어나고 있습니다. 그 결과 영업시장에서의 경쟁이 과열현상을 보이고 있습니다.

우리 영업인은 이런 문제를 어떻게 해결해 나갈 수 있을까요?

우리는 이른바 저성장, 고령화시대에 살고 있습니다. 살아가기가 만만치 않은 현실이라는 것은 분명합니다. 그렇다고 삶이 팍팍하다는 둥 미래가 보이지 않는다는 둥 불평만 늘어놓는 것은 우리에게 아무런 도움이 되지 않습니다.

'이 어려운 시기에 어떻게 자신만의 길을 개척해 나갈 수 있을까?'

우리는 이런 고민을 하며 적극적으로 방법을 찾아야 합니다. 경기가 바닥을 치는 상황에서도 성장을 거듭하는 기업은 반드시 있고, 경쟁이 과열되어 있는 상황에서도 눈부실 정도로 높은 실적을 올리는 영업인들은 반드시 존재합니다.

우리도 그들처럼 될 수 있습니다. 그러기 위해서는 그네들의 노하우를 알아내고 배워서 저성장, 고령화시대에도 꺾이지 않고 성장할 수 있는 우리만의 비장의 무기를 만들어야 합니다.

이 책은 성공한 영업인이 되고 싶은 여러분에게 하나의 모범이 될 것입니다. 이 책을 통해 여러분이 처한 것과 비슷한 상황에서 자신에게 닥친 고난과 역경을 이겨내고 일어서는 주인공처럼 여러분도 현재 마주하고 있는 문제점들을 하나하나 해결해 나갈 수 있기를 바랍니다.

소설 사이사이에 실제로 현장에 적용해서 지금까지 해온 영업 프로세스를 완전히 바꿀 수 있는 내용을 미니 강의로 마련했습니다. 몇 번이고 반복해 읽으면서 여러분에게 딱 맞는 해결책을 찾아내고 자기화하시길 바랍니다.

끝으로 변화의 시대에 살고 있는 영업인들에게 한 말씀 드립니다.

"강한 자가 살아남는 것이 아니라, 살아남는 자가 강한 것이다."

우리에게 찾아드는 변화의 바람을 민감하게 느끼고, 현명하게 대처하여 매일매일 더 성공하는 영업인이 되어봅시다.

지금부터 시작합니다.

← OLD WAY
NEW WAY →

시대가 새로운 영업을 요구한다

벚꽃이 하늘하늘 흩날리는 따사로운 봄날 오후. 영업인협회 신기루 회장은 김 비서와 함께 점심을 먹고 한강이 훤히 내려다보이는 커피숍 '리버'를 찾았다. 창가에 앉아 커피를 마시며 창문 너머 강물을 바라보았다. 쏟아지는 햇살을 넓은 마음으로 받아들인 강물이 반짝반짝 빛나고 있었다.

그때였다. 강물에 부딪혀 은빛 비늘처럼 빛나는 햇살을 즐기던 신기루 회장의 귀에 굵고 퉁명한 목소리가 들렸다.

"젠장, 이젠 영업도 못 해 먹게 생겼어."

신 회장은 목소리가 들리는 쪽으로 고개를 돌렸다. 바로 뒷자리였다.

"느닷없이 무슨 말이야?"

신 회장과 마주 보고 앉은 사내가 의아하다는 듯 물었다. 눈매가 서글서글한 호감 가는 인상의 사내였다. 40대 중반쯤 되었을까. 양복을 깔끔하게 차려 입은 것으로 미루어 세일즈맨 같았다.

"구글이 개발한 인공지능 알파고가 바둑 대결에서 이세돌 9단을 박살냈어. 그런데도 자넨 아무런 느낌이 없나?"

신 회장과 등을 지고 앉은 사내가 여전히 불퉁한 목소리로 되물었다.

"무슨 느낌? 알파고가 이긴 것과 영업이 뭔 상관이 있는데?"

눈매가 서글서글한 사내가 다시 물었다. 그러다 사내는 누군가의 시선을 느꼈는지 힐끗 신 회장을 쳐다보았다. 사내와 신 회장의 눈이 마주쳤다. 신 회장은 슬그머니 고개를 바로 했다. 그러나 귀는 그들을 향해 열려 있었다. '영업'이라는 단어가 신 회장의 관심을 잡아끌었던 것이다.

"이제 바야흐로 인공지능시대가 열린 거야. 그동안 인공지능은 창의력 면에서는 인간을 이길 수 없다고 여겨졌었지. 헌데 수만 가지 경우의 수를 필요로 하는 바둑에서 인간을 이겼다는 것은 인공지능이 창의력에서도 인간에게 뒤지지 않는다는 것을 증명하는 거잖아. 그뿐인가. 머지않아 무인자동차도 나오고, 인공지능 의사도 등장한다고 하네. 무인비행기는 이미 나와 있고."

"그래서? 그게 영업과 뭔 상관이 있냐고?"

"답답한 사람 같으니. 그것들이 상용화되면 관련 분야 전문가들이 설 자리를 잃을 게 아닌가? 우리도 마찬가지야. 앞으로 이르면 5년 안에 인공지능 보험설계사도 나온다는데 그때가 되면 우린 뭐 해 먹고 살아야 하나?"

"…그거 참… 가뜩이나 인터넷과 스마트폰 때문에 영업하기 힘들어 죽겠고만 인공지능 보험설계사까지 나오면 참…"

눈매가 서글서글한 사내가 힘없는 목소리로 말을 이어가다 말끝을 흐렸다. 두 사람의 직업은 보험설계사임이 틀림없었다.

신 회장은 빙긋이 웃으며 김 비서를 쳐다보았다. 김 비서도 신 회장이 그들의 대화에 흥미를 갖고 있음을 알고 그들이 주고받는 말을 귀담아듣고 있었다.

"영업도 부익부 빈익빈이야. 돈 있는 사람들이야 걱정할 게 없지. 지금도 인터넷에 광고한다든가 해서 재미 보고 있잖아. 인공지능이 나오면 구입해서 마음껏 활용할 거고. 우리 같은 돈 없고 백 없는 사람이 문제지."

"너무 그러지 말게. 아직 닥치지 않은 미래를 지나치게 염려할 필요는 없지 않나."

눈매가 서글서글한 사내가 조심스럽게 말했다. 신 회장은 슬쩍 고개를 돌려 사내를 쳐다보았다. 사내는 동료와 더 대화를 나누고 싶지 않은 표정이었다. 하지만 사내의 동료는 계속해서 말을 이었다.

"인터넷 광고가 미래인가? 지금 보유하고 있는 고객, 인터넷 광고를 통해 우리보다 싼 가격으로 유혹하는 영업인들에게 뺏기지 않을 자신 있어? 게다가 인공지능이 예상보다 빨리 도입될 경우 어떡할 거야? 인공지능을 활용하는 돈 많은 영업자들을 따라잡을 수 있겠어? 정말 돈 없으면 영업도 하기 힘든 세상이 된 거야."

"알아들었으니 그만하세. 우리가 이런다고 뭐가 달라지겠나. 부정적인 말은 하면 할수록 스트레스만 쌓일 뿐이야. 답답한데 여기서 이러지 말고 밖에 나가 바람이나 쐬세. 그래야 고객을 만나더라도 웃는 얼굴로 만날 수 있을 거 아닌가? 일어나게."

눈매가 서글서글한 사내가 훌쩍 일어나 계산서를 집어 들고 카운터 쪽으로 걸어갔다. 신 회장 뒤에 앉아 있던 사내도 일어서서 동료의 뒤를 따라갔다.

두 사람이 밖으로 나가자 커피숍은 물에 감긴 듯 조용해졌다. 신기루 회장은 입가에 엷은 미소를 띤 채 강물에 비치는 햇살을 바라보았다. 김 비서는 신 회장이 언제 무슨 말을 꺼낼지 몰라 긴장한 얼굴로 앉아 있었다.

이윽고 한참을 창밖만 바라보던 신기루 회장이 시선을 돌려 김 비서를 쳐다보았다.

"자네는 어찌 생각하는가?"

"예?"

김 비서는 신 회장의 갑작스러운 질문에 당황해서 되물었다.

"두 사람이 나누는 얘기, 자네도 들었잖은가? 인공지능시대의 영업을 어떻게 생각하느냔 말일세."

신 회장은 탁자에 놓인 잔을 들어 커피를 한 모금 마셨다. 그제야 말

귀를 알아들은 김 비서가 당당히 말했다.

"어떤 식으로든 변화는 일어나겠죠. 그 변화를 따라잡으면 살아남겠지만 따라잡지 못하면 도태될 수밖에 없겠죠."

"후후, 그리되겠지? 그럼 자네는 우리가 어떻게 변해야 한다고 보는가?"

"인공지능이 갖추지 못하고 있는 능력을 더욱 키워 나가야겠죠."

"그래? 그럼 인공지능이 갖추지 못한 능력이 무엇일까?"

"그거야 인정 아닐까요?"

"인정이라니?"

"사람들이 서로 주고받는 마음이죠. 인공지능이 아무리 똑똑해도 사람처럼 상대와 인정을 나누기는 어렵지 않을까요? 그래서 저는 영업은 앞으로 인정이 바탕이 되는 쪽으로 가야 한다고 봅니다."

"오호, 그런가? 그렇다면 고객과 인정을 나누기 위해서는 어떻게 해야 할까?"

"저는 그저 회장님께서 하시는 일을 믿고 따르기만 하면 된다고 봅니다."

"하하, 그런가? 역시 자네다운 답이군. 하하하."

신기루 회장은 기분 좋은 듯 크게 웃었다. 김 비서는 신 회장에게 두터운 신임을 받고 있었다. 김 비서도 진심으로 신 회장을 존경했다. 신 회장은 그에게 롤 모델이자 멘토였다. 그런 만큼 신 회장의 마음을 잘 헤아렸다.

오늘 신 회장이 커피숍 '리버'를 찾은 이유도 김 비서는 잘 알고 있었다. 정확히 일주일 후인 금요일 오후 3시에 제주도 서귀포시의 S호텔 H홀에서 영업인협회 총회가 열리기로 되어 있었다. 전국 각지에 있는 수많은 회원이 신입회원들을 데리고 총회에 참석할 터였다. 그날 월 1억 원의 수익을 올리는 영업인들의 모임인 월억회 출범식도 함께할 예정이었다.

신 회장은 이렇듯 큰 행사를 앞둘 때면 습관처럼 커피숍 '리버'에 들르곤 했다. 영업인들이 주고받는 생생한 현장의 목소리를 듣기 위해서였다. 신 회장은 행사 때마다 이들의 목소리를 회원들에게 전하고, 협회 운영에도 반영했다. 리버는 영업인들이 유난히 많이 찾는 커피숍이었다. 대부분 창밖으로 보이는 한강의 풍경이 좋아서, 영업활동으로 쌓인 스트레스를 탁 트인 경치를 바라보며 풀기 위해 왔다.

"자네 말대로 인공지능시대에는 데이터보다 인정이 더 중요해질 거야. 다시 말해 사람의 욕심과 감정을 챙겨주는 영업인이 되어야 한다는 걸세. 공인중개사를 예로 들면 데이터를 이용해 기계적으로 땅을 팔고 사게 하는 것이 아니라 사는 사람과 파는 사람의 욕심과 감정을 챙겨 적절하게 중개하는 능력을 발휘해야 한다는 거지. 이것이 바로 인공지능이 따라올 수 없는 사람의 능력일세. 이 능력을 키워 나가야 인공지능시대에도 살아남는 영업인이 될 거야."

잠시 후 신 회장이 웃음을 거두고 말을 이었다.

"예. 회장님."

"사람의 욕심과 감정을 챙겨주는 영업인이 되려면 어떻게 해야 할까?"

"아무래도 인맥을 많이 쌓아야겠죠."

"그건 지금도 마찬가지잖아. 하지만 인공지능시대에는 인맥만으로는 부족해. 그보다 더 중요한 것을 갖춰 가야 해."

"인맥보다 중요한 게 뭔가요?"

"인맥을 활용한 스타화전략일세."

"스타화전략이요?"

"고객이 나를 스타로 여길 수 있도록 해야 한다는 얘기네. 생각해 보게. 디자인이나 품질에 별 차이가 없어도 유명 연예인이 출연해서 광고하는 물건이 훨씬 더 잘 팔리는 이유가 뭔가? 내가 좋아하는 아이돌이 마치 자신이 일상에서 사용하는 것처럼 말하고 행동으로 보여주니까 더 끌리는 거지. 이제 사람들은 쉽게 소비하려 하지 않아. 그러니 호르몬을 자극해서 새로운 소비를 할 수 있도록 이끌어 가야 하는 거야. 무슨 말인지 알겠지? 인공지능시대에는 영업인 스스로 고객들의 우상이 되어야해. 그러려면 어떻게 해야 할까? 팬클럽을 만들고, 팬클럽을 활성화하기 위해 노력해야 하는 거야."

"예, 그래서 제주도 총회도 구상하신 거로군요."

"그래, 그렇지. 그렇고말고. 하하하!"

신 회장이 또다시 호탕하게 웃었다. 김 비서는 환하게 웃는 회장을 물끄러미 바라보았다. 그가 신 회장을 처음 만난 것은 5년 전이었다. 당시 그는 영업 8년차였다.

이십대 중반에 대기업에 입사한 김 비서는 10여 년을 열심히 일만 했다. 그 무렵 IMF 외환위기가 터졌고 윗선에서는 처음에는 은근하게, 그러나 날이 갈수록 노골적으로 그에게 명예퇴직을 권했다. 결국 그는 협박에 가까운 윗선의 요구를 견디다 못해 사표를 내고 영업 분야에 발을 내디뎠다.

하지만 영업은 결코 쉽지 않았다. 자동차영업을 하다 안 되면 보험영업으로 바꾸고, 보험영업이 한계에 부딪치면 정수기 영업으로 갈아타는 식으로 근근이 버텼다. 그래도 타고난 성실함을 무기로 아침부터 밤늦게까지 부지런히 뛰어다닌 덕분에 퇴직금에 손대지 않고 그럭저럭 생활을 유지해 나갈 수 있었다. 물론 가깝게 지내던 친구와 친척들이 일부러 자신을 피한다는 느낌을 받을 때는 깊은 회의에 빠지기도 했다. 그러다 이대로는 도저히 안 되겠다 싶어 영업인 모임에 나가고, 영업 관련 강의를 찾아서 듣기도 하고, 주변의 영업인들이 알려주는 인터넷 사이트에 들어가 관심을 끄는 내용들을 꼼꼼히 살펴보기도 했다. 하지만 별 다른 도움을 얻지는 못했다.

김 비서가 영업인협회 신기루 회장을 알게 된 것은 그즈음이었다. 신 회장은 이십대에 이미 100억대 부자 반열에 오른 영업왕 출신이라고 했다. 당시는 영업인협회가 지금처럼 확고하게 자리를 잡지 못했을 때였는데 신 회장이 운영하는 협회 사이트에 들어가니 월천회라는, 한 달에 1000만 원 수익을 목표로 하는 영업인들의 모임을 만든다는 내용의 공지가 제일 먼저 눈에 띄었다.

김 비서는 공지를 읽고 깜짝 놀랐다. 한 달에 300만 원의 수익만 올려도 더 바랄 것이 없다고 생각하던 그였다. '월 1000만 원 수익'은 꿈조차 꾸지 못한 수치였던 것이다.

김 비서는 지푸라기라도 잡는 심정으로 영업인협회에 연락해 신기루 회장과 통화를 했다. 그가 이런저런 얘기 끝에 월천회 모임에 참석하고 싶다는 뜻을 전하자 신 회장은 흔쾌히 모임 날짜와 시간과 장소를 알려 주었다. 모임은 매주 금요일 오후 7시에 영업인협회에서 한다고 했다. 내일모레가 금요일이었다.

이틀 후 김 비서는 설렘과 기대감을 가득 안고 1시간 일찍 영업인협회를 찾아갔다. 신 회장이 협회로 들어서는 그를 반갑게 맞아주었다. 월천회 회원들은 7시 조금 못 미쳐서 모두 모였다. 신 회장은 회원들에게 김 비서를 소개시켜주었다.

신 회장이 이끄는 월천회는 김 비서가 알고 있는 영업인 모임과는 여러 면에서 차이가 있었다.

첫째, 월천회는 회원들 복장부터 달랐다. 회원들은 모두 같은 옷을 입고 있었다. 이는 회원들에게 소속감을 심어주기 위함이었다.

둘째, 회원들은 스터디에 들어가기 전에 일제히 하나의 구호를 외쳤고, 이어 똑같은 동작을 하며 같은 노래를 불렀다. 이는 동질감을 키우기 위함이었다.

셋째, 회원들은 기독교 신자들이 예배를 마칠 때 기본 진리인 주기도 문을 외우며 믿음을 견고히 하듯 월 1000만 원 수익을 올리겠다는 공동의 신념을 수시로 구호처럼 외치며 가슴에 새겼다. 이는 공동체의식을 다지기 위함이었다. 김 비서는 그런 회원들의 모습을 보고 자신이 마치 종교모임에 와 있는 듯한 느낌을 받았다.

넷째, 월천회 모임은 철저하게 스터디 위주로 이루어졌다. 이는 효율적인 영업방식을 배우고 익혀 자기화하기 위함이었는데 결정적인 차이점이라 할 수 있었다. 그동안 김 비서가 경험한 영업인 모임은 대부분 술자리를 겸하고 있었는데 회원들끼리 정보를 주고받으며 인맥을 쌓는 것이 전부였다.

월천회 모임은, 공교롭게도 김 비서가 참여한 이후부터 갈수록 회원이 늘어났다. 그러자 신 회장은 월천회 안에 소규모의 학우회를 따로 만들었다. 회원 수가 늘어나는 만큼 학우회 수도 늘어나기 시작했고, 그 학우회를 공동으로 관리하는 조직도 생겼다. 변하지 않는 것은 월천회의 수장은 신기루 회장이라는 사실뿐이었다.

신기루 회장은 신입회원들 앞에서 말하곤 했다.

"제가 왜 신기루라는 이름을 쓰는지 아십니까? 신기루는 대기 속에서 빛이 밀도가 다른 공기층을 지나다 굴절하여 허공이나 땅 위에 무엇이 있는 것처럼 보이는 현상을 말합니다. 흔히 환상이라 여겨 부정적으로 생각하는 이가 많죠. 하지만 제 생각은 다릅니다. 신기루는 기체 상태의 물인 수증기가 빛에 반사된 것을 보여주는 것이지, 없는 것을 보여주는 것은 아닙니다. 신기루는 다른 곳에 있는 실체를 보여주는 것입니다. 영업인의 로망인 월천도 마찬가지입니다. 월천이라고 하면 많은 사람이 처음에는 신기루 같은 환상이라 여기지만 결코 환상이 아닙니다. 반드시 실체가 있습니다. 저 신기루는 여러분이 지금은 보지 못하는 것을 보는 데까지 이끌어 가는 사람입니다. 저를 믿고 따라오면 분명히 실체를 보게 될 것입니다."

김 비서는 그 말을 들었을 때 신 회장이 자기와는 다른 사람임을 확실히 느꼈다. 사고방식이 달랐고, 사람을 대하는 태도가 달랐고, 행동이 달랐다. 신 회장에 대한 믿음이 싹트는 순간이었다. 그를 따라가면 신기루의 실체를 볼 수 있을 것 같은 생각이 들었다.

그 후 김 비서는 신 회장과 월천회를 함께하면서 그가 목표의식이 뚜렷하고 확신과 자신감이 깊을 뿐만 아니라 리더십이 뛰어난 사람임을 알았다. 나중에 신 회장의 입을 통해 그가 처음 기획한 모임은 월천회가 아니라 월억회였다는 사실을 알았을 때는 자기보다 겨우 두 살 많은 신 회장에게 존경심을 느꼈다.

신 회장은 한 달에 1억 원의 수익을 목표로 하는 영업인들의 모임을 만들겠다고 했더니 정말 신기루처럼 헛된 꿈으로 보는 사람이 많아서 현실을 반영하여 월천회부터 시작하기로 기획을 수정했다고 말했다. 그러면서 확신에 찬 어조로 언젠가는 반드시 월억회가 만들어질 거라고 덧붙였다.

사실 신 회장이 월천회를 조직했던 5년 전에는 월 수익 1000만 원도 환상에 가까웠다. 그러나 신 회장은 월억회라는 목표를 향해 열정적으로 모임을 이끌어 갔고, 그 결과 월억회 출범을 눈앞에 두게 되었다.

김 비서는 제주도 호텔에서 열리는 영업인협회 총회에서 신 회장이 월억회 출범을 선포하는 장면을 떠올렸다. 가슴이 뛰었다. 월천이 신기루처럼 보이던 때가 엊그제 같은데 이제는 월억도 당연하게 느껴지는 자신이 뿌듯했다.

김 비서는 창밖으로 시선을 돌렸다. 어느새 하늘은 붉은 포도주 빛으로 물들어 가고 있었다. 김 비서는 다시 신 회장에게 눈을 두었다. 신 회장은 어린아이처럼 순진한 얼굴로 신기한 듯 창문 너머를 바라보고 있었다. 붉은빛을 머금은 하늘과 강물이 어우러져 빚어내는 황홀한 장면에 푹 빠진 표정이었다.

신 회장은 일할 때는 쉽게 범접할 수 없는 카리스마를 발휘했지만 쉴 때는 가끔 지금처럼 천진난만한 모습을 보였다. 그럴 때마다 김 비서는 회장에게 인간다움을 느끼곤 했다. 심성이 참 고운 분이라는 생각이 들었다.

PART 1

한길로,
월억회를 만나다

신 회장의 축사가 끝나자 우레 같은 함성과 박수가 터져 나왔다. 한길로는 옆에 앉아 있는 노하우를 바라보았다. 회원들과 하나가 되어 있는 노하우의 얼굴에도 굳은 신념이 깃들어 있었다. 화려하게만 보이는 노하우가 불처럼 뜨거운 열정과 바위처럼 단단한 신념을 갖고 있다는 것을 길로는 오늘 처음 알았다.

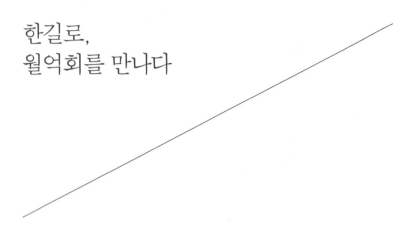

한길로,
월억회를 만나다

"자, 오늘도 파이팅! 누가 뭐라고 해도 영업은 지인영업이야. 어서들 나가서 아는 사람 한 명이라도 더 만나고, 만나기 힘든 지인에겐 전화라도 한 통해. 알았나?"

오만구 팀장이 사무실에 앉아 있는 FC들에게 간략하게 지시 사항을 전달한 후에 등 떠밀듯 말했다. '부지런히 돌아다녀야 그만큼 더 많은 고객을 만날 수 있고, 고객을 만나야 판매로 이끌 수 있다.'는 것이 오만구 팀장의 지론이었다.

말하는 속도가 빠르고 목소리가 탁해서일까. 한길로는 오만구 팀장이 말을 하는 것이 아니라 닦달하는 것처럼 느껴졌다. 동료 직원들도 같은 느낌을 받았는지 서둘러 전단지를 챙겨 들고 일어났다. 그들은 큰 소리로 팀장에게 다녀오겠다는 인사를 하고 우르르 사무실을 나갔다. 한 길로만 의자에 엉덩이를 붙인 채 움직이지 않았다. 나갈 의욕이 나지 않았다. 출근길, 사람들에게 떠밀려 발 디딜 틈도 없이 혼잡한 지하철에 오르는 순간 문득 떠오른, 한 달에 200만 원이 채 안 되는 수입으로 언제 돈을 모아 차를 사고, 아파트 전세금을 마련하고, 여자를 사귀어 결혼을 할 수 있겠느냐는 생각이 거머리처럼 머릿속에 달라붙어 떨어지지 않은 탓이었다.

한길로는 길게 한숨을 내쉬었다.

'이제 어떻게 해야 하는가. 지금까지 내가 할 수 있는 일을 다 하지 않았는가.'

지금 다니는 00보험은 한길로의 두 번째 직장이었다. 그는 명함이 나오자마자 가까운 지인들을 찾아다니며 명함을 돌리고 보험을 들 의향이 있으면 자신에게 연락하라고 부탁했다. 고맙게도 몇몇 지인은 한길로가 보험회사에 다닌다고 하자 설명도 자세히 듣지 않고 그 자리에서 적당한 보험을 들어주었다. 부모님도 결혼식 같은 행사나 동창 모임에서 친척과 친구들을 만나면 한길로가 보험회사에 다닌다는 사실을 알리고 보험을 들도록 권유했다. 덕분에 처음에는 실적이 꽤 괜찮았다.

하지만 1년쯤 지나자 실적은 점차 하향 곡선을 그리기 시작했고, 한길로는 아는 사람을 상대로 한 영업에는 한계가 있다는 사실을 알았다. 그때부터 한길로는 영업 관련 책을 찾아 읽고, 강의를 들었다. 새로운 인맥을 만들기 위해 이런저런 모임에도 가입했다. 다양한 사람들을 만나

친분을 쌓으면서 영업은 다시 활기를 띠었고, 하향 곡선을 그리던 실적
은 다시 상승세로 돌아섰다.

그러나 서서히 올라가던 실적 그래프는 어느 시점에 이르러 일직선
으로 나아가더니 그 선에서 오르락내리락했다. 인맥을 쌓고 다지는 데
에도 한계가 있었던 것이다.

한길로는 시대에 발맞춰 인터넷을 활용해 보기로 했다. 페이스북에
가입해 친구 맺기를 계속하며 페북을 홍보의 장으로 삼기도 했고, 인터
넷 홍보대행사에 연락해 그로서는 큰돈을 주고 파워 블로거의 블로그에
광고도 해봤다. 그러나 예상과는 달리 연락은 많이 오지 않았고, 당연히
판매도 잘 이루어지지 않았다. 이대로 가다가는 투자한 광고비를 회수
하기 힘들 듯했다.

"한길로 씨! 다들 나갔는데 혼자 뭐 하고 앉아 있나? 컴퓨터만 들여다
보고 있으면 저절로 영업이 되나?"

오 팀장이 한길로 옆으로 다가와 짜증 섞인 목소리로 물었다.

"…아, 네…."

한길로는 고개를 돌려 오 팀장을 올려다보았다. 오 팀장은 왜 아직 나
가지 않고 있느냐는 눈빛으로 한길로를 노려보고 있었다.

"이제 나가려고요."

한길로는 재빨리 컴퓨터를 끄고 일어섰다. 전단지를 챙겨 들고 당당
하게 사무실을 나왔다. 그러나 마땅히 갈 곳이 없었다. 점심을 혼자 먹
기도 싫었다. 한길로는 길거리에 멍하니 서서 가까운 친구들 중에 누구

에게 연락하는 게 좋을지 헤아려보았다. 만난 지 한 달 정도 된 대학 동창 강석구가 맞춤할 듯했다.

한길로는 휴대전화를 꺼내 들고 석구에게 전화를 걸었다. 석구는 신호음이 여러 번 울린 후에야 전화를 받았다.

"석구냐?"

한길로는 반가워서 밝은 목소리로 물었다.

"응. 그래. 길로구나."

석구는 머뭇거리는 듯한 말투로 대꾸했다.

"어디니? 사무실이니?"

"응."

"별일 없으면 점심이나 같이할까 해서."

"어쩌냐. 오늘 점심은 선약이 있는데…."

"어쩌긴 뭐. 할 수 없지. 다음에 또 연락할게."

"그래."

석구가 말했다. 전화는 곧바로 끊겼다. 한길로는 선약이 있다는 석구의 말을 믿고 싶었다. 그러나 석구가 자신을 만나기 싫어 핑계를 대는 걸지도 모른다는 의심이 모락모락 피어오르는 것을 어쩔 수 없었다.

한길로는 택시를 잡아타고 강변에 있는 커피숍 앞으로 갔다. 마땅히 갈 곳이 없으면 들르곤 하는 커피숍이었다. 택시에서 내린 한길로는 커피숍 안으로 들어가 창가 자리에 앉았다. 종업원에게 커피를 시키고 물끄러미 창밖을 내려다보았다. 강물은 무슨 일이 있느냐는 듯 유유히 흐르고 있었다.

요즘 들어 한길로는 친구들이 자신을 만나는 자체를 부담스러워한다는 느낌을 자주 받았다. 그럴 때마다 몸에 힘이 쭉 빠지곤 했다. 아무래도 영업은 나에게 맞지 않는 옷은 아닐까, 그만 벗어버려야 하는 것은 아닐까, 하는 생각이 들었다. 사실은 심각하게 고민해 봐야 할 문제였다. 하지만 보험영업을 그만두면 또 무슨 일을 해야 하나, 제대로 된 일자리를 찾을 수나 있을까 싶어 슬그머니 그 생각을 접었다.

잠시 후 종업원이 커피를 가져왔다. 한길로는 잔을 들어 한 모금 마셨다. 오늘따라 커피 맛이 유난히 썼다. 한길로는 잔을 내려놓고 지그시 눈을 감았다.

"길로 씨, 오늘도 혼자 오셨네요."

낯익은 여자 목소리가 들린 것은 바로 그때였다. 한길로는 눈을 뜨고 말을 건 상대를 쳐다보았다. 짐작했던 대로 화장품 영업을 하는 노하우였다. 노하우도 일이 뜻대로 안 풀려 답답할 때면 이곳 커피숍에 들르곤 했다.

"아, 하우 씨. 앉으세요."

한길로는 웃으며 말했다. 석구에게 거절당해서인지 노하우가 반가웠다. 사실 이 커피숍에 오면 노하우를 만날 수 있을지 모른다는 생각을 어렴풋이 했었다.

"네."

노하우는 망설임 없이 한길로 앞에 앉아 오렌지주스를 시켰다. 한길로는 노하우가 말을 걸어왔던 당시를 떠올렸다. 아침부터 비가 많이 쏟아지던 날이었다. 한길로는 사무실을 나오자마자 커피숍에 와서 창가에 자리를 잡았다. 날씨 탓인지 시간이 갈수록 커피숍을 찾는 사람이 늘어났고, 어느새 실내는 손님들로 가득 찼다. 1시가 다 되어 커피숍에 들어온 노하우는 주위를 두리번거리며 빈자리를 찾다가 한길로가 혼자 앉아 있는 모습을 보고 그에게 다가와 물었다.

"자리가 없어서 그러는데 혹시 같이 앉을 수 없을까요?"

"아, 네. 앉으세요."

한길로는 흔쾌히 대답했다. 두 사람 다 주로 혼자 커피숍을 찾았고, 창가 자리를 선호해서 자연스럽게 얼굴을 익힌 사이였다. 오다가다 마주치면 눈인사 정도는 했다.

그날 두 사람은 명함을 주고받으며 정식으로 통성명을 했다. 한길로와 노하우는 상대방이 건네는 명함을 보고 고개를 끄덕였다. 두 사람 다 서로가 영업 분야에서 일하고 있으리라는 생각은 하고 있었다. 그것은 깔끔한 옷차림이나 들고 다니는 가방, 심각한 표정으로 대낮에 혼자 커피숍에 앉아 있는 모습 등을 보면 충분히 짐작할 수 있는 일이었다.

"길로 씨, 많이 힘드신가 봐요?"

노하우가 조심스럽게 물었다.

"좀 그러네요."

"일이 생각대로 되지 않죠?"

"네. 왜 그런지 모르겠어요. 이유를 모르니 체한 것처럼 답답하네요."

"길로 씨 마음 알겠어요. 저도 좀 답답한데 나가지 않을래요? 근처 음식점에 가서 식사나 같이해요."

"그러시죠."

한길로는 잘됐다 싶어 계산서와 가방을 챙겨 들고 일어섰다. 노하우도 가방을 들고 일어섰다. 한길로는 카운터로 가서 계산을 하고 밖으로 나갔다.

"점심은 제가 살게요."

노하우가 한길로 옆으로 다가와 말했다. 그러고는 따라오라는 듯 약간 앞서서 걸어갔다. 한길로는 말없이 노하우를 따라갔다. 노하우는 근처 한식집으로 한길로를 안내했다. 점심시간이 지나서인지 음식점은 한산한 편이었다. 두 사람은 창가 쪽에 자리를 잡았다.

"뭐 드시고 싶으세요?"

노하우는 식탁 위에 놓인 메뉴판을 펼쳐 한길로가 잘 볼 수 있도록 돌려놓았다.

"하우 씨가 알아서 시켜주세요."

"알겠어요. 여기 떡갈비 정식이 괜찮거든요. 드셔보세요."

"네. 그러죠."

한길로는 흔쾌히 대답했다. 노하우는 곧바로 종업원을 불러 떡갈비 정식 2인분을 주문하고 한길로를 쳐다보았다.

"우리, 점심 같이 먹는 건 처음이네요. 그쵸?"

"그러네요."

한길로도 노하우를 쳐다보았다. 노하우는 큰 눈에 쌍꺼풀이 뚜렷했다. 코는 오뚝했고, 입술은 도톰했다. 옷차림은 세련되었고, 태도는 당당했다. 스치듯 봐도 커리어 우먼임을 알 수 있는 서구형 미인이었다.

"술 한잔하시겠어요?"

종업원이 음식을 가져오는 것을 보고 노하우가 물었다.

"아, 아닙니다."

"그래요. 술은 다음에 하죠. 저녁에요."

"술은 제가 사겠습니다."

"그거 좋죠. 드세요."

노하우는 종업원이 차려놓은 음식을 가리키며 말했다.

"네. 잘 먹겠습니다."

두 사람은 음식을 먹으며 이런저런 이야기를 나누었다.

"제 첫인상이 어땠어요?"

노하우가 며칠 전에 봤다는 영화에 대해 말하다 갑자기 물었다.

"그게…."

한길로는 제대로 대답을 못 하고 우물거렸다.

"차가워 보였죠? 되게 싸가지 없을 것 같았죠?"

"그러니까…."

"괜찮아요. 다들 그렇게 보니까요. 근데 실제로 얘기해 보니 다르죠?"

"네. 성격이 참 소탈하고 따뜻하신 거 같아요. 배려심도 깊으시고."

"영업을 오래 하다 보면 자연히 성격이 둥글둥글해지나 봐요. 후후."

"주변에 하우 씨 좋아하시는 분 많죠?"

"뭐, 없다고는 말 못 하겠네요. 아무래도 안 되겠다."

노하우는 벨을 눌러 종업원을 불렀다. 종업원이 오자 당당히 말했다.

"여기 처음 하나 주세요."

종업원이 곧 술 한 병과 잔 두 개를 가져와 두 사람 앞에 내려놓았다. 노하우는 술잔을 집어 들고 물었다.

"한잔해도 괜찮겠죠? 설마 네 멋대로 시켜놓고 이제 와서 뭘 묻느냐고, 속으로 욕하는 건 아니겠죠?"

"그럴 리가요. 제가 따라 드리겠습니다."

한길로는 술병을 들어 병마개를 따고 노하우가 손에 쥔 잔에 술을 따랐다. 노하우는 잔이 채워지자 가볍게 비웠다. 그렇게 한길로는 노하우가 술을 비우면 잔을 채웠고, 노하우는 잔이 채워지면 비웠다. 술병의 술이 반으로 줄어들었을 때부터는 한길로도 합세했다. 두 사람은 별 말 없이 상대의 잔을 채우고 자신의 잔을 비우는 일을 되풀이했다. 어느새 식탁 위에 놓인 빈 술병의 숫자가 세 개로 불어났다. 그제야 노하우가 그만 나가자고 말했다.

"그러시죠."

한길로는 뭔가 아쉬웠지만 순순히 일어섰다.

"먼저 나가 계세요."

노하우가 계산서를 챙기며 말했다. 한길로는 말 잘 듣는 아이처럼 가방을 집어 들고 음식점 밖으로 나갔다. 곧이어 노하우도 음식점을 나왔다. 밖은 여전히 환한 대낮이었다.

"우리, 다른 곳으로 가요."

노하우가 한길로 옆으로 다가와 당당하게 말했다. 혼자 두 병 가까이 마셨는데도 노하우의 얼굴은 말짱했다.

"어디를…?"

"술 한잔 더해요. 이번엔 주종을 바꿔서 맥주로."

"네. 대신 이번 술값은 제가 내겠습니다."

"그래요."

잠시 후 택시가 두 사람 앞으로 다가왔다. 노하우는 자연스럽게 택시 뒷문을 열고 자리에 올랐다. 노하우가 음식 값 계산을 하면서 부른 택시인 듯했다. 한길로는 N극에 끌리는 S극의 자석처럼 노하우 옆에 앉았다.

노하우가 한길로를 데려간 곳은 여의도에 있는 깔끔하고 세련된 카페였다. 술 마시기에는 아직 이른 시간이어서인지 손님은 많지 않았다. 두 사람은 종업원이 안내하는 자리에 앉아 작은 병맥주를 시켜 마셨다. 실내에는 귀엣말을 하는 듯한 노래가 나직하게 흐르고 있었다.

"길로 씨, 나이를 물어봐도 될까요?"

노하우가 맥주를 한 모금 마시고 잠시 머뭇거리다 물었다.

"서른하나입니다. 하우 씨는요?"

"그쪽보다 많아요. 꽤."

"네? 농담이시죠. 절대 그렇게는 안 보이는데요."

"빈말이라도 고맙네요."

노하우가 웃으며 말했다. 그러다 기습하듯 내뱉었다.

"난 서른다섯."

"네? 저보다 네 살이나 많다고요? 정말 동안이시네요. 전혀 그렇게 보이지 않아요."

한길로는 놀란 표정으로 말했다. 입에 발린 소리가 아니었다. 실제로 그는 노하우가 자신보다 한두 살 아래일 거라고 생각했었다. 노하우는 그 정도 반응은 당연하다는 듯 코를 찡긋했다.

한길로는 노하우가 웃는 얼굴을 하고 있지만 어딘가 모르게 씁쓸해 보이는 까닭을 알 듯했다. 노하우는 낮은 목소리로 마치 남 이야기를 하듯 담담하게 자신의 이야기를 들려주었다.

아버지가 돈을 제대로 벌어오지 못해 어머님이 고생을 많이 했다. 넉넉하지 못한 집안 형편 때문에 나도 중학교 때부터 온갖 아르바이트를 다 하며 학교를 다녔다. 가까스로 대학교를 졸업했고, 졸업하자마자 영업 분야에 뛰어들어 지금까지 일에만 매달려 살았다. 남들에게 부자 소리를 들을 만큼 돈을 많이 모으는 것이 내 목표다. 이유는 단 하나. 자식들에게는 나와는 다른 삶을 물려주고 싶어서다. 자식들만큼은 풍요로운 환경에서 하고 싶은 일, 원하는 일 마음껏 하며, 늘 햇살처럼 밝게 웃으며 살게 하고 싶어서다. 그것이 내 철칙이자 신념이다. 그러다 보니 여태껏 남자 친구 한 번 제대로 사귀어 본 적이 없다.

"참, 길로 씨는 사귀는 여자 분 있어요?"

노하우가 얘기 끝에 물었다.

"아뇨. 없어요."

한길로는 힘없이 말하고 술병을 만지작거렸다.

"사귀었던 사람은요? 있었죠?"

"아니요. 없었어요."

길로는 세차게 고개를 흔들었다. 거짓말이었다. 길로에게도 한때는 결혼을 약속했던 여자 친구가 있었다. 이름은 이현실. 대학 3학년 봄 축제를 앞두고 과대표가 주선한 소개팅에서 만난 친구였다. 2년제 대학에 다니던 그녀는 한길로보다 한 살 어렸다.

길로는 술병을 들어 한 모금 마시고 현실을 처음 봤을 때를 떠올렸다. 그날 현실은 흰색 셔츠에 민트색 멜빵 치마를 입고 있었다. 쌍꺼풀이 있는 듯 없는 듯한 눈, 웃을 때 코에 생기는 잔주름이 인상적이었다. 행동도 귀엽고 사랑스러웠다. 마음에 들었다.

현실도 길로를 싫어하지는 않는 눈치였다. 대화를 나눌수록 길로에게 호감을 보였다. 길로는 드디어 자신에게도 사랑이 찾아왔음을 알았다. 현실도 같은 마음인 듯했다. 그날부터 두 사람은 한길로가 3학년을 마치고 군대에 들어가기 전까지 거의 매일 만났다. 현실은 길로가 육군 훈련소에 입소하는 날 아침 일찍 그의 집 앞으로 달려와 입소하는 순간까지 곁을 지켜주었고, 길로가 자대 배치를 받은 후에는 한 달에 한 번은 어김없이 면회를 와서 그의 마음을 보듬어주었다.

한길로가 제대 후 복학을 했을 때 현실은 직장생활을 하고 있었다. 현실은 대학을 졸업하고 1년간 취업 준비를 하다가 친척 분의 소개로 지금 다니는 회사에 들어갔다고 했다. 중소기업이지만 대우가 나쁜 편은 아니라고 했다. 현실이 즐겁게 회사를 다니는 모습을 보니 길로도 기분이 좋았다.

4학년에 복학한 길로는 전공인 역사보다 7급 공무원 시험공부에 매달렸다. 빨리 취직해서 현실과 결혼하는 것이 그의 목표였다. 하지만 복학한 해에 응시한 국가직과 서울시 7급 공무원 시험에서 길로는 모두 떨어졌다. 이듬해에도 합격의 신은 잔인하게 길로를 외면했다. 합격자 명단에 자신의 이름이 없다는 것을 확인할 때마다 길로가 가장 먼저 떠올린 사람은 현실이었다. 현실을 만나는 것이 부끄러웠고, 부담스러웠다.

언제부턴가 현실은 길로를 만나면 확인하듯 묻곤 했다.

"오빠, 우리 결혼해서 행복하게 살 수 있겠지?"

길로는 처음에는 당연한 걸 뭘 묻느냐고 자신 있게 대답했다. 하지만 시험에 거듭 떨어지고 나서는 "그렇지 뭐." 하고 대충 얼버무리게 되었다. 길로의 집안 형편은 그리 넉넉한 편이 아니었다. 길로는 동네에서 작은 철물점을 하시며 대학을 마칠 때까지 어렵게 자신을 뒷바라지해 주신 부모님에게 돈을 갖다드리지는 못할망정 더는 손을 내밀 수 없다고 생각했다. 그것은 참으로 염치없는 짓이었다.

길로는 별 고민 없이 등급을 낮춰 일반행정직 9급 공무원 시험을 보기로 했다. 일단 안정적인 직장부터 구하고 보자는 생각이 앞섰던 것이다. 길로는 누구에게도 알리지 않고 9급공무원 시험을 보았다. 이번에는 다행히 한 번에 합격해 공덕동 주민센터 복지1팀에서 근무하게 되었다. 현실은 활짝 웃는 얼굴로 길로가 공무원이 된 것을 축하해 주었다. 부모님도 주민센터에 다니는 길로를 대견해 했다. 그러나 길로는 전혀 기쁘지 않았다. 봉급이 지나치게 적어 현실에게 결혼하자고 말할 엄두가 나지 않았던 것이다.

그러던 어느 날이었다. 주민센터 앞으로 길로를 찾아온 현실이 술을 사달라고 했다. 길로는 현실을 데리고 근처 소금구이 집에 갔다. 현실은 안주도 먹지 않고 혼자 소주 한 병을 다 비우더니 심각한 얼굴로 물었다.

"오빠, 나랑 결혼하고 싶기는 해?"

"당연하지. 뭘 그런 걸 물어. 아주머니 여기 소주 한 병 더요."

길로는 결혼 얘기를 하고 싶지 않아 딴청을 피웠다. 하지만 현실이 작정한 듯 정곡을 찔렀다.

"근데 왜 결혼하자는 말을 안 해?"

"현실아. 조금만 더 기다려줘."

길로는 애원하듯 말했다. 그 말밖에는 할 수 없는 자신이 답답했다. 현실과 결혼하기 위해서는 최소한 방 두 칸짜리 전세라도 마련해야 하는데 그럴 형편이 못 되었다. 지금 받는 봉급으로는 아직 남아 있는 학자금 대출을 갚기에도 빠듯했다. 1년은 더 갚아야 간신히 빚에서 벗어날 수 있을 터였다.

현실은 아주머니가 가져다 놓은 술병을 집어 들고 자신의 빈 잔을 채웠다. 길로가 따라주려고 했지만 손짓으로 거부했다. 현실은 연거푸 두 잔을 비우고 길로의 눈을 똑바로 쳐다보았다.

"좋아, 오빠. 나와 결혼할 생각이 있다면 내일 당장 혼인신고부터 해."

뜻밖의 말이었다. 길로는 깜짝 놀라 물었다.

"지금 무슨 소리를 하는 거야? 취했니?"

"아니. 멀쩡해. 그 어느 때보다 더."

"아냐. 내가 보기엔 너 많이 취한 거 같아. 이 얘기는 내일 술 깨면 하고 그만 일어서자."

"괜찮다고 했잖아. 취하지 않았다고 했잖아. 그러니 피하려고만 하지 말고 오빠 속마음을 보여 봐."

"결혼도 하기 전에 혼인신고부터 할 수는 없어."

"왜? 같이 살 집이 없어서? 그건 걱정하지 마. 집은 천천히 구하고 일 단 혼인신고부터 하자는 거야, 내 얘기는."

"어떻게 그러니. 너희 부모님이나 우리 부모님이나 허락해 주실 거 같아?"

"부모님들 모르게 하면 되잖아."

"참 나…."

"왜 싫어?"

"싫다는 게 아니라…."

"싫으면 그만둬."

현실은 침을 뱉듯 말하고 벌떡 일어서서 소금구이 집을 나갔다. 길로도 일어서서 주인에게 음식 값을 치르고 재빨리 뒤따라 나갔다. 그새 현실은 택시에 오르고 있었다.

"현실아! 잠깐만 기다려!"

길로는 크게 소리치며 택시를 향해 달려갔다. 그러나 택시는 약간의 머뭇거림도 없이 야멸차게 떠나 버렸다. 뭔가 불길한 느낌이 길로의 온몸을 휘감았다.

안 좋은 예감은 언제나 진리처럼 들어맞았다. 그날 이후 길로는 현실을 만날 수 없었다. 길로가 아무리 전화를 걸어도 현실은 받지 않았다. 톡을 보내도 아무 반응이 없었다. 답장은커녕 아예 읽지를 않았다. 초조해진 길로는 토요일 아침 일찍 현실의 집을 찾아갔다. 그러나 아무리 벨을 눌러도 문은 열리지 않았고, 밤늦게까지 기다려도 현실은 나타나지 않았다. 집에는 사람이 없는 듯했다. 어둠이 짙어져도 불이 켜지지 않았다. 다음 날도 마찬가지였다.

길로는 현실이 가족과 함께 어디 좋은 곳으로 여행을 떠난 거라고, 그래서 집이 비어 있는 거라고 생각했다. 그렇게 믿고 싶었다. 길로는 오늘은 만날 수 있을 거야, 오늘은 틀림없이 돌아올 거야, 하며 날마다 현실의 집을 찾아갔다. 하지만 보름이 다 되어도 현실은 물론 그녀의 가족도 집에 오지 않았다.

길로는 현실에게 분명 무슨 일이 생겼음을 직감하고 그녀와 제일 친한 친구인 이제인에게 전화를 걸었다. 제인을 만나면 자초지종을 알 수 있을 것 같았다. 하지만 제인도 길로의 전화를 받지 않았다. 순간 문득 제인이 압구정동 OO교회에 다닌다는 말을 했던 기억이 떠올랐다. 제인을 만날 수 있는 유일한 방법은 교회를 찾아가는 것이었다.

길로는 일요일 날이 밝자마자 일어나 OO교회로 갔다. 인터넷 사이트에 들어가 보니 주말 1부 예배 시작 시간이 7시였던 것이다. 6시 조금 넘어 교회 앞에 도착한 길로는 범인을 찾는 형사처럼 유심히 교회를 향해 걸어오는 사람들을 살폈다. 하지만 제인의 모습은 보이지 않았다. 제인이 길로의 눈에 들어온 것은 11시가 다 되어서였다.

"오랜만이에요."

제인은 길로를 보자 살짝 고개를 숙여보였다. 길로는 어이가 없었다. 전화를 일부러 피한 사람치고는 자신을 대하는 제인의 태도나 말투가 너무도 태연했기 때문이었다. 제인은 길로에게 근처 커피숍 위치와 이름을 알려주고 말했다.

"오빠 먼저 가 있으세요. 저는 예배 마치고 갈게요."

"그래. 이따 보자."

길로는 순순히 제인이 알려준 커피숍을 찾아 들어갔다. 커피를 사들고 구석진 자리에 앉아 제인을 기다렸다. 기다림의 시간은 지루했다. 그러나 더디게 흘러도 시간은 또박또박 지나갔고, 마침내 제인이 커피숍 안으로 들어왔다. 제인은 음료수를 사들고 길로 있는 곳으로 걸어와 앞자리에 앉았다.

"많이 기다리셨죠?"

제인이 상투적인 물음을 던졌다.

"아냐. 괜찮아."

길로도 상투적으로 대답했다. 제인이 피식 웃었다.

"안부는 묻지 않을게요. 저를 찾아오신 이유, 누구보다 잘 아니까 뜸 들이지 않고 말씀드릴게요."

제인은 뉴스 캐스터처럼 차분하게 지금 현실이 처한 상황에 대해 설명했다.

아버님이 하시던 사업체가 부도로 무너져서 집안이 빚더미에 올라앉았다. 아버님은 빚쟁이들의 등쌀을 견디다 못해 지방 어딘가로 몸을 피하셨고, 살던 집은 경매로 넘어가고 말았다. 법원 집행관들이 들이닥쳐 집 안 곳곳에 빨간딱지를 붙이는 광경을 본 어머님은 충격을 받고 쓰러져서 병원에 입원하셨다.

그때 불행인지 다행인지 현실을 돕겠다는 사람이 나타났다. 현실 아버님에게 큰돈을 빌려준 사람이었다. 그는 현실 아버님을 찾아 집에 왔다가 현실을 보고 한눈에 반했다. 3년 전에 이혼을 했고, 전 부인과의 사이에 아이는 없다고 했다. 그는 현실 아버님이 진 빚을 모두 갚아주었고, 현실의 가족에게 새 집을 선물했다. 전에 살던 곳보다 더 좋은 집을.

"됐어. 그만해. 더 듣지 않아도 무슨 얘긴지 알겠어."

길로는 차갑게 제인의 말을 끊었다. 너무 많이 우려먹어 이제는 막장 드라마에서조차 잘 다루지 않는 이야기가 어째서 현실을 주인공으로 펼쳐지는지 모를 일이었다.

길로는 현실의 얼굴을 떠올려봤다. 갸름한 턱 선, 살짝 쌍꺼풀 진 눈,

높지도 낮지도 않은 코, 웃을 때 하트 모양이 되는 입술. 현실의 외모가 귀엽고 사랑스러운 것은 틀림없는 사실이었다. 그러나 뭇 사내들이 첫눈에 반할 정도로 빼어나게 아름답다고는 할 수 없었다.

"그래도, 어쨌든, 나와 헤어지기로 마음먹었다 해도, 그 마음을 직접 나에게 전해야 하지 않을까. 그게 한때나마 사랑했던 상대에 대한 예의 아닐까."

길로는 쥐어짜듯 말했다. 가슴이 아팠다.

"잠깐만요."

제인이 일어서서 밖으로 나갔다. 누군가에게 전화를 하러 나가는 듯했다. 길로는 그 누군가가 현실일지도 모른다는 생각을 얼핏 했다. 길로의 예감은 맞았다. 잠시 후 커피숍 문을 열고 들어온 사람은, 제인이 아니라 현실이었다.

"그동안 잘 지냈죠?"

현실은 길로 앞에 앉아 담담하게 물었다.

"덕분에."

길로는 퉁명하게 대답했다.

"우린 여기까진 거 같아요, 오빠. 미안하다는 말은 하지 않을게요. 늘 행복하세요."

"어떻게 나한테… 아니야. 내가 잘못했다. 너의 집안 사정, 네가 힘들어하는 이유, 난 정말 모르고 있었어. 혼인신고 얘기할 때 눈치채고 너한테 무슨 일이 있는지 물어봤어야 했는데…."

"자책하지 마세요, 오빠. 다 지난 일이에요. 알았다 해도 뭐가 달라졌겠어요. 오히려 오빠까지 힘들어졌을 거예요."

길로는 움찔했다. 맞는 말이었다. 현실의 집안 사정을 알았다 해도 달라지는 건 없었을 것이었다. 때문에 현실에게 아무것도 해줄 수 없는 자신을 미워하고, 책망하고, 부끄러워했을 게 분명했다.

"우리, 부디 마음만이라도 덜 다쳤으면 해요, 오빠. 부디 서로에 대해 좋은 기억만 갖고 헤어져요. 언제 어느 곳에서 우연히 만나도 웃으며 인사할 수 있게."

"그래. 알았다. 네가 세상 누구보다 행복해지기를 빌게. 진심으로 빌게."

길로는 애써 웃으며 말했다. 현실을 붙잡고 싶었지만, 당장 나와 결혼하자고 말하고 싶었지만 소리가 되어 나오지 않았다.

"고마워요."

현실은 그 말을 남기고 일어서서 커피숍을 나갔다. 길로는 현실이 앉아 있던 자리를 멍하니 쳐다보았다. 방금 전에 현실을 만났던 것이 마치 꿈속의 일처럼 느꼈다. 아니, 현실이 혼인신고부터 하자고 조르던 그때부터 지금까지 내내 꿈을 꾸고 있는 것만 같았다.

그날 커피숍을 나온 길로는 가까운 술집에 들어가 난생처음 정신을 잃을 정도로 술을 마셨다. 아침에 눈을 떠보니 자신의 방이었다. 그러나 아무리 생각해 봐도 어떻게 집에 들어왔는지 도무지 기억이 나질 않았다.

그때부터 길로는 거의 매일 술을 마셨다. 현실을 잊기 위해서였다. 하지만 현실이 길로의 머릿속에서 사라지는 것은 술에 취해 있을 때뿐이었다. 취하기 전이나 깨어난 후에는 현실이 더욱 보고 싶었다. 아프게 그리웠다. 그래도 술을 끊기는 싫었다. 그나마 길로에게 위안을 주는 유일한 물체가 술이었던 것이다.

직장 동료들은 매일같이 술 냄새를 풍기며 출근하는 길로를 못마땅해했다. 웬만하면 길로와 말을 섞으려 하지 않았다. 그러나 길로는 크게 신경 쓰지 않았다. 일도 하기 싫었고, 동료들과 어울리기도 싫었다. 당연히 길로는 직장 내에서 외톨이가 되었다. 자업자득이었다.

길로가 꿈처럼 몽롱한 나날을 살아가는 동안 이따금 환청처럼 현실에 대한 소식이 그의 귀에 들렸다. 현실의 신랑이 강남 일대에 있는 빌딩 몇 채를 소유한 알짜배기 부자라더라, 서울에서 한 번 결혼식을 올리고 다시 하와이에서 지인들을 초청해 성대한 결혼식을 올렸다더라, 신혼살림을 도곡동 타워펠리스에 차렸다더라, 73평형 펜트하우스라더라, 집값만 50억 가까이 된다더라….

그러던 어느 날 군대 동기 조강태가 길로를 찾아왔다. 그는 길로에게 술을 사주며 자기와 함께 일하자고 꼬드겼다.

"돈을 벌려면 영업을 해야 하는 거야. 너도 알지? 억대 연봉을 받는 사람 중에 영업인이 제일 많다는 거. 내가 도와줄 테니 아무 염려 마."

길로는 귀가 솔깃했다. 그가 사직서를 낸다면 직장 동료를 모두 반길 터였다. 동료들의 따가운 눈총을 한 몸에 받는 것도 내색을 안 해서 그렇지 실은 대단한 고역이었다.

"약속할게. 내가 하라는 대로만 하면 넌 지금 받는 월급의 두 배, 아니 세 배는 벌 수 있어."

강태가 길로의 흔들리는 마음에 쐐기를 박듯 말했다.

"일단 내일 우리 팀장님부터 만나보자. 넌 움직이기 힘드니까 내가 점심시간에 팀장님 모시고 올게. 전화하면 이력서 챙겨 들고 나와."

"알았어."

다음 날 강태가 점심시간에 맞춰 팀장과 함께 공덕동 주민센터로 길로를 만나러 왔다. 이름이 오만구인 팀장은 자신감이 넘치는 사람이었다. 걸음걸이도, 말투도 당당하고 활기찼다.

세 사람은 근처 식당에 들어갔다. 길로는 모두 자리를 잡고 앉자 이력서가 담긴 서류봉투를 팀장에게 건넸다. 오만구 팀장은 이력서를 꺼내 잠시 들여다보더니 말했다.

"원하는 날짜에 출근하도록 하세요. 영업은 매력 있는 직종입니다. 길로 씨도 머지않아 느낄 거예요. 이 일에 적응할 때까지 나와 강태 씨가 확실히 서포트할 테니 지금보다 높이, 더 높이 도약할 수 있는 인생의 기회를 맞이했다 여기시고 앞으로 잘해 봅시다."

"네. 고맙습니다."

길로는 오만구 팀장의 말을 듣고 회사를 옮겨야겠다는 마음을 굳혔다. 어차피 이 상태로는 주민센터에 오래 다니지 못할 터였다. 길로는 스스로에게 말했다.

그래, 하자. 영업. 나도 돈 한번 원 없이 벌어보자!

　길로는 다음 날 출근하자마자 과감하게 팀장에게 사직서를 냈다. 그리고 다음 주 월요일부터 조강태와 같은 회사에 다녔다. 그 회사가 바로 지금 길로가 다니고 있는 00보험이었다. 길로는 당연히 강태와 함께 오만구 팀장의 팀원으로 일했다.

　하지만 자기가 하라는 대로만 하면 최소한 9급 공무원 월급의 두 배는 벌 수 있다고 그토록 자신 있게 말하던 강태는 어이없게도 넉 달 후에 회사를 그만두었다. 영업이 적성에 맞지 않는다는 것이 그 이유였다. 남대문에서 옷가게를 하는 사촌 형님과 함께 일하기로 했다는 얘기는 길로에게만 했다. 그러면서 미안하다고 했지만 별로 미안한 표정이 아니었다. 길로는 무책임한 태도를 보이는 강태에게 몹시 화가 났다. 그러나 왜 나를 영업에 끌어들였느냐, 돈을 벌게 해주겠다고 큰소리쳤느냐, 따지지 못했다. 마음이 여린 길로는 남에게 싫은 소리를 하지 못했다. 귀찮은 부탁도 잘 거절하지 못했다.

　길로는 나중에야 강태가 그동안 을지로에서 음식점을 하는 부모님의 도움으로 쉽게 영업을 해 왔다는 사실을 알았다. 음식 장사를 오래해서인지 아버지와 어머니가 마당발이었던 것이다.

　강태는 부모님을 너무 의지한 듯했다. 팀 내에서 1, 2위를 다투던 강태의 실적이 뚝 떨어진 것은 계속되는 경영난을 이기지 못한 부모님이 음식점을 다른 사람에게 넘기고, 시골로 내려가면서부터였다. 부모의 지원이 끊기면서 실적도 동시에 끊긴 탓이었다. 팀 내 선배들은 물론 길로도 알고 있었다. 강태가 회사를 그만둔 결정적인 이유는 실적에 대한 압박과 부담감을 이기지 못했기 때문임을. 그것이 팩트였다.

지금 길로도 강태와 비슷한 길을 걷고 있었다. 이제 더는 부모님이나 지인들을 통해 신규고객을 확보하기 힘들다는 사실을 길로는 뼈저리게 느끼고 있었다. 실적에 쫓길 때마다 회사를 때려치우고 싶은 충동이 불같이 일었다. 영업이 적성에 맞지 않다는 생각을 좀처럼 떨칠 수가 없었다. 하지만 마땅히 갈 곳이 없었다. 강태처럼 남대문에서 옷가게를 하는 사촌 형님도 없었고, 공무원 시험을 다시 보기도 싫었다. 끔찍하게 싫었다.

길로는 어떻게 해서든 보험영업에서 승패를 보는 수밖에 없다고 생각했다. 어느 사회에서든 일등이 있고, 상위권이 있고, 중위권이 있고, 하위권이 있고, 꼴지가 있는 법이었다. 일등은 바라지도 않지만 상위권에는 들고 싶은 것이 솔직한 심정이었다. 그들의 노하우를 배워 익히면 가능하지 않을까, 하는 생각도 들었다. 실적을 올리는 방법은 간단했다. 고객과 신규계약을 많이 맺으면 되는 일이었다. 그러면 돈은 자연스럽게 통장에 들어와 쌓일 터였다. 그날이 하루 빨리 오기를 길로는 간절히 바랐다.

"길로 씨, 무슨 생각을 그렇게 해요?"

문득 노하우의 목소리가 길로의 생각을 비집고 들어왔다.

"아, 네… 그냥 이런저런…."

"난 한참 같은 자세로 앉아 있어서 잠든 줄 알았어요."

"죄송합니다. 제가 워낙 주변이 없는 사람이라."

"괜찮아요. 저도 가끔 그래요."

"아까 부자 소리를 들을 정도로 돈을 모으기 전에는 남자 친구를 사귀지 않겠다고 하셨나요?"

"그래요."

"목표로 하는 금액이 얼마인가요?"

"100억."

노하우가 짧게 말하고 웃어보였다.

"100억이요?"

길로도 노하우가 농담을 하는 줄 알고 웃으며 물었다.

"진짜예요."

순간 노하우가 정색을 했다.

"저는 잘 모르겠네요. 이해가 가질 않아요. 사람을 사귀는 데 그만큼 많은 돈이 필요한가요?"

"정확히 말하면 사람이 아니라 남편 될 남자죠. 돈 없는 결혼생활은 지옥이나 마찬가지예요."

노하우는 딱 잘라 말했다. 길로에게 흔들리는 마음을 다잡기 위해 일부러 강하게 말한 것일지도 몰랐다. 강아지처럼 순한 얼굴과 어딘가 모르게 서글퍼 보이는 눈빛 때문일까. 길로를 보고 있으면 안아주고 싶은 충동이 살짝살짝 일었다.

"정말 그럴까요."

"저는 봤거든요."

"그래요. 그렇군요."

길로는 말끝에 길게 한숨을 내쉬었다. 어쩌면 현실도 지옥까지는 아니더라도 돈 없는 결혼생활이 서로를 지치고 힘들게 하리라는 사실을 알고 자신을 떠났을지도 모른다는 생각이 들었다.

"우리 재미없는 얘기 그만해요. 길로 씨. 혹시 월억회라는 모임이 있다는 거 알고 있어요?"

"아뇨. 처음 듣는데요. 월억회가 뭐죠?"

"한 달에 1억 원 수익을 목표로 하는 영업인들의 모임이에요. 영업계에서는 전설인 신기루 회장이 이끄는 모임이죠."

"영업인협회 신기루 회장이요?"

"길로 씨도 아시네요."

"영업하면서 그분 모르면 간첩 아닌가요? 제가 얼마나 만나보고 싶어 했는데요."

"잘됐네요. 제가 만나게 해드릴까요?"

"그럼 저야 좋죠."

"실은 아는 분의 추천으로 저도 월억회에 가입했어요. 이번 주 금요일에 제주도에서 영업인협회 총회가 열리는데 총회 끝난 후에는 월억회 출범식이 있을 예정이에요. 길로 씨는 제가 추천할 테니 함께해요."

"정말요? 고맙습니다. 그런데 제가 자격이 될까요?"

"자격이 없다는 생각이 들면 이번 기회에 만드세요. 길로 씨, 미러 뉴런이라는 말 알아요?"

"아니요."

"미러 뉴런이란 옆에 있는 다른 사람이 무슨 행동을 하면 그걸 보고 있는 사람도 똑같은 행동을 하는 현상을 말해요. 길로 씨도 옆에 있는 사람이 하품을 하면 자신도 모르게 하품이 나는 경험을 해봤을 거예요. 슬픈 영화를 볼 때 옆자리에 앉은 사람이 눈물을 흘리면 덩달아 눈물이 나는 경험도 해봤을 테고요.

이탈리아의 신경심리학자인 리촐라티 교수가 자신의 연구팀과 함께 원숭이를 대상으로 실험을 했어요. 원숭이 뇌에 전자파를 설치하고 앞에서 사람이 음식 조각을 집어 올리게 했죠. 그러자 그 모습을 지켜보던 원숭이 뇌에서 뉴런이 활성화되었다네요. 이는 원숭이가 직접 음식을 집을 때 활성화되는 뉴런과 파장이 같았다고 해요. 인간의 뇌도 마찬가지로 '상대가 하는 행동을 볼 때'와 '실제로 행동할 때' 뇌신경 세포가 같은 반응을 보이는 경우가 많다고 하네요.

제가 말하고 싶은 요점은 성공하려면 성공한 사람과 함께해야 한다는 거예요. 성공한 사람을 가까이하면 할수록 미러 뉴런이 활성화되어 그 사람을 닮게 만들기 때문이에요. 무슨 뜻인지 아시죠?"

"성공한 사람을 가까이 하라…."

"최고가 되려면 최고에게 배우라는 말도 같은 의미예요. 영업을 그만둘 생각이 아니라면 최고 곁에서, 최고에게 배워 보세요. 이런 기회, 다시 찾아오기 힘들 거예요."

한길로는 그동안 영업 관련 책을 여러 권 구입해서 나름대로 꼼꼼히 읽었다. 하지만 크게 얻은 것은 없었다. 솔직히 실망이었다. 책에서 자기만의 비법이라며 적어 놓은 내용들 대부분이 실전에서 활용하기에는 부족한 면이 많았다. 길로가 보기에는 이론에 불과했다.

그러나 신기루 회장의 책만은 달랐다. 영업활동에 보탬이 되는 방법을 구체적으로 알려주고 있었다. 무엇보다 책만 읽지 말고 직접 영업의 고수를 찾아가 만나 옆에서 지켜보며 몸으로 배우라는 지적이 마음에 와 닿았다. 신기루 회장을 한 번쯤은 꼭 만나고 싶다는 생각이 들었다. 하지만 신 회장에게 연락할 용기가 나지 않았다. 나 같은 사람을 만나줄까, 만남의 대가로 뭔가를 요구하지 않을까, 하는 우려가 들었던 것이다.

그런데 뜻하지 않게 노하우로부터 월억회에 들어갈 수 있도록 자신을 추천해 주고, 신기루 회장까지 만나게 해준다는 말을 들으니 마치 길을 가다 금덩어리라도 주은 기분이었다. 가뜩이나 계약이 잘 이루어지지 않아 의기소침해 있던 상태였다. 분위기도 바꿀 겸 여행 삼아 제주도에 갔다 오는 것이 좋겠다는 생각이 들었다.

"알겠습니다. 하우 씨가 저에게 주신 기회, 잡겠습니다."

"생각 잘했어요. 오늘의 선택을 결코 후회하지 않게 해드릴게요. 저만 믿고 따라와 보세요."

"네. 앞으로 잘 부탁드리겠습니다."

"하는 거 봐서요. 후후. 농담이고, 표는 제가 끊어 놓을 테니 이번 주

금요일 11시까지 김포공항으로 오세요."

"여러 모로 정말 고맙습니다."

"고맙다는 인사는 천천히 듣기로 하고 이제 그만 갈까요?"

"그러시죠."

한길로는 계산서를 들고 일어섰다. 카운터로 가서 계산을 하고 노하우와 함께 카페를 나왔다. 그새 거리에는 어둠이 내려앉아 있었다. 한길로는 노하우를 택시에 태워 보내고 천천히 집을 향해 걸어갔다.

한길로는 목요일에 팀장의 양해를 구하고 금요일 오전에 노하우가 말한 시간에 맞춰 김포공항으로 갔다. 미리 공항에 나와 있던 노하우는 길로를 반갑게 맞이했다. 두 사람은 대기실에 앉아 이런저런 이야기를 나누다 안내 방송에 따라 탑승 수속을 마치고 제주도행 비행기에 올랐다.

두 사람이 제주국제공항에 내려 택시를 타고 서귀포시에 있는 S호텔에 도착한 것은 2시가 조금 넘어서였다. 영업인협회 총회가 시작되려면 아직 1시간가량 남아 있었지만 총회 장소인 H홀에는 벌써부터 많은 사람이 와서 자리를 잡고 앉아 있었다.

길로는 먼저 총회 규모가 생각보다 크다는 것에 놀랐고, 그 많은 회원이 지역별로 모여 일사불란하게 움직이는 모습에 한 번 더 놀랐다. 회원들 모두 언젠가는 자신의 영업 분야에서 최고가 될 수 있다는 신념으로 가득 차 있고, 영업인협회에 소속되어 있음을 자랑스러워하는 듯보였다.

총회가 끝나자 신기루 회장이 단상에 올라 월억회 모임의 출범을 알리고, 회원들을 한 명 한 명 소개한 후에 축사를 시작했다.

"이제 우리 영업인들도 브레인 샤워를 해야 합니다. 굳이 비용을 들여 가면서까지 마케팅을 할 필요는 없습니다. 절대 마케팅에 의존하지 마십시오. 내가 고객을 찾아가는 것이 아니라 고객이 나를 찾아오게 하는 영업을 하십시오. 다시 말해 나와 함께하는 사람들이 좋아서 고객들 스스로 나를 찾아오고, 자발적으로 주위 사람들에게 나에 대해 알려서 그들 역시 나를 찾아오게 하는 영업을 하라는 얘기입니다. 이것이 바로 머지않아 펼쳐질 인공지능시대에서 우리 영업인들이 살아남을 길입니다. 그 중심에 오늘 출범하는 월억회가 있을 것입니다. 앞으로 월억회가 월십억회, 월백억회로 끊임없이 성장해 나가기를 바라고 또 기대합니다. 저는 충분히 그렇게 될 수 있다고 믿습니다. 여러분도 월억회의 성장을 지켜봐주시고, 응원해 주십시오. 다시 한 번 월억회의 출범을 진심으로 축하합니다."

"와아! 와아!"

신 회장의 축사가 끝나자 우레 같은 함성과 박수가 터져 나왔다. 한길로는 옆에 앉아 있는 노하우를 바라보았다. 회원들과 하나가 되어 있는 노하우의 얼굴에도 굳은 신념이 깃들어 있었다. 화려하게만 보이는 노하우가 불처럼 뜨거운 열정과 바위처럼 단단한 신념을 갖고 있다는 것을 길로는 오늘 처음 알았다.

한길로는 시간이 갈수록 자신도 회원들과 하나가 되어 가고 있음을 느꼈다. 총회장은 그야말로 신념과 열정의 도가니였다.

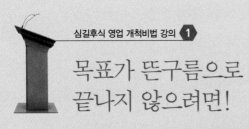

목표가 뜬구름으로
끝나지 않으려면!

:: 분명한 목표로 영업 프로세스를 익혀라

강의에 들어가기 전에 하나 묻겠습니다.

경제적인 이유로 사랑하는 여자와 헤어진 한길로는 돈 한번 원 없이 벌어보자는 생각에 보험영업에 뛰어듭니다. 물론 군대 동기인 강태라는 친구의 꼬드김도 한길로가 영업 분야에 뛰어드는 데 한몫했지요. 그런데 정작 길로를 보험영업으로 끌어들인 강태 자신은 길로보다 먼저 회사를 그만둬 버립니다. 혼자 남은 길로는 살아남기 위해 영업 관련 책도 읽고, 나름대로 공부도 합니다. 하지만 영업은 잘 되지 않습니다. 그 까닭이 무엇일까요?

이유는 간단합니다. 어떻게 영업을 해야 하는지 잘 모르기 때문입니다. 무조건 열심히만 하면 될 거라는 생각으로 영업을 한다면 시간이 아무리 지나도 달라지는 것은 아무것도 없을 겁니다. 나아질 가능성이 전혀 없다는 얘기입니다.

저는 이제 막 영업을 시작한 사람들을 컨설팅할 때마다 물어봅니다. "사장님, 앞으로 어떻게 영업을 하실 겁니까?"

돌아오는 답변은 대동소이합니다. 열에 아홉은 다음과 같이 말합니다. "우선 시간을 투자해서 부지런히 돌아다니며 고객을 많이 만나야지요!"

여러분은 어떻게 생각하십니까? 정말 시간을 투자해서 부지런히 돌아다니며 많은 고객을 만나면 영업이 잘 이루어질까요?

영업실적이 투자한 시간만큼 잘 나오기만 한다면야 영업에 대해 걱정할 분은 아무도 없을 겁니다. 영업은 '열심히'가 아니라 '제대로' 해야 합니다. 그러려면 무엇부터 시작해야 할까요? '제대로' 할 수 있는 방법을 알면 당장이라도 실전에서 활용할 수 있지 않을까요?

바로 그런 것들을 강의를 통해 하나씩 말씀드리고자 합니다. 물론 지면상의 한계로 이 책을 읽는 모든 분께 각자의 영업 분야와 상황에 맞는 내용을 전해 드릴 수는 없을 겁니다. 그래도 최대한의 공통분모를 찾아 여러분께 도움이 될 영업의 비기를 알려드릴 것을 약속합니다.

이제 본격적으로 강의에 들어가겠습니다. 모두 준비되셨죠?

여러분 자신이 유인 탐사선을 달에 보내기 위해 구성된 팀의 일원이라고 가정해 봅시다. 여러분은 어떤 일부터 시작하시겠습니까?

우선 해당 프로젝트를 차질 없이 완수하겠다는 목표부터 세우겠죠. 그런 다음 탐사선을 만들고 쏘아 올려 달에 보내는 데 드는 기간과 비용은 어느 정도인지 추산하고, 필요 자금은 어떻게 조달할 것인지, 어느 지역에서 탐사선을 발사할 것인지, 달의 어느 지점에 착륙하게 할 것인지 등등을 세밀히 검토해서 언제까지 탐사선 제작에 필요한 자금을 모으고, 언제까지 탐사선을 제작하고, 언제 쏘아 올려 어디에 착륙하게 하겠다는 계획을 세우겠죠.

이처럼 하나의 일을 시작하기 전에는 반드시 목표를 세우고, 목표 달성에 필요한 계획을 구체적으로 짜야 합니다. 그렇게 하지 않는다면 목표를 이루는 것은 불가능합니다.

불경기에도 실적이 전혀 줄지 않는 사람들이 있습니다. 그런 사람들에게는 그들만의 특별한 방법이 있습니다. 고객이 한 번 만나기만 해도 잊지 않을 요소, 즉 멘트가 특이하다거나 사람의 마음을 잘 헤아린다거나 의표를 찌르는 콘셉트가 있습니다. 고객 스스로 찾아와 상품을 구매하게 만드는 나름대로의 시스템이 있습니다.

이런 자신만의 방법을 찾기 위해서는 먼저 내 자신이 원하는 목표가 무엇인지 정확하게 알아야 합니다. 그러고 나서 목표를 세우고, 그 목표를 이루기 위한 계획을 구체적으로 짜야 합니다.

원하는 목표를 찾으셨나요? 찾으셨다면 수첩을 꺼내 목표와 목표 달성 시기, 목표를 이루기 위해 해야 할 행동 등을 상세하게 적어보십시오.

저는 매년 새해 첫날 새 수첩 첫 페이지에 제 자신의 목표를 적습니다. 금년에 꼭 이루고 싶은 목표를 적어보는 것입니다.

지금부터 어떤 식으로 목표를 적어야 하는지, 그 방법을 알려드리겠습니다.

첫째, 한 문장으로 끝맺을 수 있을 정도로 간단하게 쓴다.

둘째, 목표를 완수하기까지의 기간을 정확하게 설정한다.

셋째, 다소 이루기 어렵다 느껴지더라도 큰 목표를 정한다.

넷째, 목표를 열 가지 적고 각각의 목표에서 한 글자를 따서 외운다.

다섯째, 목표마다 세부목표를 정하고 각각의 목표를 이루기 위한 계획을 짠다.

이제 하나하나 살펴보겠습니다. 시중에 목표 설정과 관련한 책은 많이 나와 있습니다. 하지만 영업인들이 활용할 수 있도록 목표를 설정하는 방법을 알려주는 내용은 찾아보기 힘듭니다. 저는 그동안 노점을 비롯해 행상, 광고, 팬시, 잡화, 술, 휴대폰, 생리대 방문 판매 등을 하면서 쌓은 영업 노하우, 그중에서도 목표 설정 방법에 대해 아낌없이 전하겠습니다.

첫째, 한 문장으로 끝맺을 수 있을 정도로 간단하게 쓴다.

제 강의를 듣는 분들에게 목표를 써보라고 하면 크게 두 가지 반응을 보이곤 합니다. 하나는 멍한 얼굴로 저를 바라보는 것입니다. 목표를 직접 적어본 적이 없어서 어떻게 써야 할지 모르는 경우입니다. 참 안타까운 일이지요. 스스로 어떻게 목표를 정하고 그에 맞춰 자기 자신을 발전시켜 나가야 할지 경험해 보지 못한 탓이지요. 저는 이런 분들에게 말합니다. 오늘보다 조금은 더 나아질 내일을 생각하며 어떤 목표라도 적어보는 것이 중요하다고 말입니다.

다른 하나는 한참 고민하다 심각한 표정으로 목표를 적는 것입니다. 이런 분들은 나름대로 목표를 적기는 하지만 '영업을 잘해야겠다.'거나 '이번 달은 실적을 더 높여야겠다.'는 등 그 내용이 상투적이고 모호한 경우가 많습니다.

제 얘기를 듣고 찔리는 분도 계실 겁니다. 한마디로 이런 목표는 아무런 효과가 없습니다. 어떤 행동을 하게 하지도 않고, 어디에서 어디로 어떻게 가야할지 정확하게 모르는 탓에 이렇다 할 결과를 얻을 수 없기 때문입니다. 이처럼 태평양 한가운데에서 구명조끼만 입은 채 바다에 뛰어들어 물 위를 둥둥 떠다니는 식으로 목표를 정하지 마시길 바랍니다.

목표는 먼저 다음과 같이 한 문장으로 정의할 수 있도록 적습니다. 구체적이지만 간단하게 말입니다.

'나는 2017년 한 해 동안 반드시 현금 1억 원을 모으겠다.'

'나는 2017년 한 해 동안 부동산 계약을 100건 하겠다.'

딱히 생각나는 것이 없다 하더라도, 구체적으로 적지 못할 것 같더라도 너무 고민하지 마시고 수첩부터 꺼내십시오. 그리고 떠오르는 목표를 그대로 쭉 적으십시오. 그런 다음 업무에 관련된 내용, 중요하다고 판단되는 내용을 따로 추리고 생각을 정리해서 '한 문장으로 끝맺을 수 있을 정도로 간단하게' 적으십시오.

둘째, 목표를 완수하기까지의 기간을 정확하게 설정한다.

어떤 일이든 끝나는 시간, 즉 마감이 없다면 막막하기 마련입니다. 언제까지 일을 해야 할지 모르는 까닭입니다. 반면에 마감 시간을 정확하게 정해 주고 그때까지 완료하라고 하면 그에 맞춰 일을 하게 되어 행동이 구체적이고 명확해질 수밖에 없습니다.

많은 영업인이 목표를 정하고도 그것을 이루기 위한 행동을 하지 못하는 이유는 대부분 마감 시간이 정확하게 정해지지 않아서입니다. 막연하게 목표만 있는 경우 언제까지 일을 마쳐야 한다는 동기부여를 받을 수 없기 때문입니다.

따라서 우리는 목표를 문장으로 적을 때 마감 기한을 정확하게 정해야 합니다.

'몇 월 며칠까지'

'00시 00분까지'

'3달 안에'

이런 식으로 기간을 한정해서 마감을 설정해 줘야 합니다.

셋째, 다소 이루기 어렵다 느껴지더라도 큰 목표를 정한다.

제가 항상 강조하는 부분입니다. 큰 목표를 적어야 합니다. 이유는 명확합니다.

'나는 이 정도까지만 할 수 있을 거야.'

어떤 분들은 이렇게 스스로 자신의 한계를 짓곤 합니다. 자신감이 없어서일까요. 스스로 할 수 있는 것, 없는 것을 나누고 할 수 없는 일이라는 생각이 들면 아예 시도조차 하지 않으려고합니다.

하지만 우리가 상상하는 그 이상의 퍼포먼스를 하는 사람들에게는 '크게' 사고한다는 공통점이 있습니다. 당장은 할 수 없을지 모르지만 '모든 게 가능하다.'고 믿고 한계선을 벗어나 한 걸음 더 나아가는 것입니다.

할 수 있는 것만 하면 그 정도까지만 발전합니다. 반면에 할 수 없을 거라고 여겨 지금까지 한 번도 도전하지 못했던, 도전할 엄두조차 내지 못했던 영역을 목표로 설정하고 그 목표를 이루기 위해 전진한다면 크게 발전할 수 있습니다. 물론 일을 해 나가는 도중에 '내가 정말 해낼 수 있을까?' 하는 의문이 시시때때로 들겠지요. 그러나 가슴이 벅차오르는 느낌 또한 시시때때로 경험할 것입니다.

넷째, 목표를 열 가지 적고 각각의 목표에서 한 글자를 따서 외운다.

목표를 열 가지 적으라고 하면 드러내놓고 말은 하지 않지만 속으로는 '하나도 적기 힘든데 뭣 때문에 열 가지나 적으라는 거냐'고 투덜대는 분들이 있다는 걸 저도 압니다. 물론 쉽지 않은 일이지요. 그래도 그렇게 하라는 이유는 경험상 열 가지 목표가 동기부여를 받고 실행에 옮기기에 가장 적당한 숫자여서입니다.

그러나 열 가지를 적어놓기만 해서는 안 됩니다. 머리와 가슴에 새겨야 합니다. 때문에 각각의 목표에서 한 글자를 따서 나름대로 하나의 문장을 만들어 외우라는 것입니다. 그러다 보면 자연히 머리와 가슴에 새겨지니까요.

다섯째, 목표마다 세부목표를 정하고 각각의 목표를 이루기 위한 계획을 짠다.

목표는 세운 후에는 '언제쯤 열 가지 목표를 다 이룰 수 있을까?' 하는 걱정은 하지 마십시오. 쓸데없는 걱정입니다. 이런 걱정을 하다 보면 정작 해야 할 일들을 하지 못하고 아까운 시간만 헛되이 흘려보낼 수 있습니다.

시간을 허비하는 일을 막는 저만의 방법이 있습니다. 저는 목표를 세운 날부터 순차적으로 계획을 세우지 않습니다. 언제까지 목표를 달성하겠다고 못 박았으면 바로 그 목표 달성의 날부터 거꾸로 시간을 거슬러 내려오면서 한 달 내지 보름마다 일정한 날짜까지 달성해야 할 것을 작은 목표로 정합니다. 예를 들어 2018년 5월 5일까지 몸무게 10kg를 줄이는 것을 목표로 삼았다면 4월 5일까지는 몇 킬로그램, 3월 5일까지는 몇 킬로그램, 2월 5일까지는 몇 킬로그램을 감량할지 거꾸로 계산해서 작은 목표로 세우고 그에 맞춰 운동량과 목표량을 정합니다.

　지금까지 여러분에게 왜 목표를 정해야 하는지, 어떻게 세워야 하는지에 대해서 말씀드렸습니다. 아직도 목표를 세우지 못하신 분들은 제가 말씀드린 방법을 차례대로 따라해 보시기 바랍니다.

　제 말씀대로 하셨다면 지금 여러분의 수첩에는 역으로 계산한 세부 목표들이 적혀 있을 겁니다. 또한 각 세부 목표에는 해당 목표를 달성하겠다고 정한 날짜와 목표량이 함께 적혀 있을 겁니다. 그것이 바로 여러분에게 있어 영업의 로드맵이 되어줄 것입니다.

　100층짜리 건물을 세우겠다는 목표를 정한 사람이 목표한 대로 완성된 100층짜리 건물을 보고 싶다면 긴 과정을 거쳐야 합니다. 알다시피 건물 신축공사에 들어가기 전에 먼저 부지 선정, 설계도면 작성, 설계도면에 따른 터파기 및 기초 공사 등의 과정을 거쳐야 합니다. 신축공사에 들어가서도 완공 때까지 거쳐야 할 과정이 많습니다. 이런 하나하나의 과정마다 언제까지 달성하겠다는 세부적인 목표를 정해야 합니다. 그렇지 않으면 '100층짜리 건물을 세우겠다.'는 목표는 공염불로 끝날 것입니다.

영업도 마찬가지입니다. 이룰 수 없을 것 같다는 생각에 외면했던 목표를 현실화하기 위해서는 세부 목표가 적힌 실용적인 로드맵을 만들어야 합니다.

제가 제시한 방법을 따라해 보십시오. 그러다 보면 어느 한순간 제가 "단 한 번의 거절도 없이 판매할 수 있다!"고 과감하게 주장하는 이유를 알게 될 겁니다. 여러분을 성공한 영업인으로 인도하는 로드맵을 만드는 데 필요한 요소들을 하나씩 찾아내서 그림 퍼즐을 하나씩 끼워 맞추듯 갖춰 나갈 수 있을 겁니다.

이제는 무조건 열심히 하겠다는 '묻지마 영업'이 아니라 고객이 우리의 상품을 구매할 수밖에 없는 방법, 지속적으로 매출을 늘릴 수 있는 방법을 정확하게 알고 하는 영업을 해야 합니다. 이것이 바로 제가 여러분에게 전달하려는 내용입니다.

강의 내용을 하나씩 자신의 상황에 맞게 적용하고, 성공의 원리를 하나씩 자기 것으로 만들어 간다면 여러분도 영업의 비기를 체득하게 될 것입니다. 항상 긍정적인 마음으로 매사에 감사하면서 초심을 잃지 말고 뚝심 있게 밀고 나가십시오. 그러면 어떤 어려움이 닥쳐도 이겨낼 수 있을 겁니다.

제가 본 강의에서 강조한 목표와 로드맵을 설정하는 것에서부터 하나씩 실천하시기 바랍니다.

심길후식 영업 개척비법 8가지 용어 설명

1. 프로세스Process : 고객 발굴 흐름 설계도를 말한다.

2. 타깃팅Targeting : 낚시할 때 가장 먼저 정하는 것이 어종을 선택하는 것처럼 어떠한 고객들에게 판매를 할 것인지 정하는 과정. 이를 통해 로볼, 개입상품, 포인트, 레터 등의 세부내용이 결정된다.

3. 포인트Point : 잠재고객의 DB를 확보할 수 있는 곳. 온라인 포인트, 오프라인 포인트, 콘셉트별 포인트로 나뉜다.

4. 프로덕트Product : 취급하는 상품군 중에서 주력으로 밀 수 있는 상품인 주력상품과 주력상품의 판매를 유도할 수 있는 개입상품을 일컫는다.

5. 레터Letter : 텍스트와 이미지로 이루어져 있는 모든 홍보물. 전단지, DM, 현수막, 명함, 팩스, 택배 박스, 쇼핑백, 영수증 등의 오프라인 레터와 쪽지, 이메일, 게시판 글 등의 온라인 레터로 나뉜다.

6. 로볼Low Ball : 고객이 프로세스 계단을 한 계단, 한 계단 올라갈 수 있게 만드는 촉매제. 정보, 경품, 할인, 샘플, 체험, 서비스 등을 말한다.

7. 멘토 포지셔닝Mentor Positioning : 고객들로부터 신뢰감과 전문성, 친근함을 동시에 갖춘 전문가라는 인식을 얻어내기 위한 브랜딩 전략이다.

8. 셀프 어프로칭Self Approaching : 로볼과 레터, 멘토 포지셔닝 등으로 잠재고객 DB가 최초 확보되었을 때 온·오프라인의 관리를 통해 그 DB의 고객들이 자발적으로 연락해서 상담을 신청할 수 있는 시스템을 구축하는 것을 말한다.

PART 2

한길로,
전설을 만나
영업에 눈을 뜨다

한길로는 서둘러 일어나 노하우에게 인사를 하고 도망치듯 사무실을 나왔다. 한참을 걸어가니 두근거리는 가슴이 가라앉았다. 순간 솟구치듯 떠오르는 생각이 있었다.

고객은 자신에게 필요한 상품은 반드시 구입한다. 노하우가 내게 한 것처럼 고객에게 상품을 사달라고 매달리기보다는 왜 그 상품이 필요한지를 인식시키면 쉽게 계약서에 사인을 할 것이다.

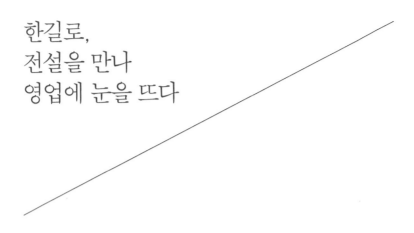

한길로,
전설을 만나
영업에 눈을 뜨다

월억회 선포식을 마지막으로 영업인협회 총회가 모두 끝나자 홀 안에 뷔페 음식이 차려지기 시작했다. 지역별로 모여 앉은 회원들은 각자 취향에 맞는 음식을 가져와 먹으며 즐거운 대화를 나누었다. 월억회도 따로 자리를 잡고 앉아 저녁식사를 함께했다.

노하우는 한길로의 침묵이 오래간다 싶으면 슬쩍 질문을 던져 그가 무슨 이야기든 하도록 유도했다. 낯을 가리는 한길로가 물 위의 기름처럼 겉돌지 않게 배려한 것이다. 덕분에 한길로는 혼자만 멀뚱히 앉아 있는 난처한 상황에 처하지 않을 수 있었다.

식사를 마칠 무렵 김 비서가 월억회 회원들에게 다가와 말했다.

"음식은 입에 맞나요? 오래 기다리셨을 텐데 뜸들이지 않고 '신기루 회장님과의 일대일 코칭'에 선정되신 분들을 알려드리겠습니다. 제가 호명하는 순서대로 회장님이 계신 자리로 가시면 됩니다. 먼저 한길로 씨."

"저요? 아, 네 감사합니다."

이름이 불린 한길로는 엉거주춤 일어나 김 비서에게 고개를 숙여보이고 신 회장이 있는 곳으로 갔다. 가슴이 두근거렸다.

한길로는 총회에 오기 하루 전날 노하우로부터 신기루 회장에게 일대일 코칭을 받고 싶은 사연을 적어서 내라는 말을 들었다. 신 회장이 월억회 출범을 축하하는 선물의 의미로 월억회 회원들이 제출한 사연을 직접 읽고 세 명을 선정해서 총회가 끝난 후 30분 동안 집중적으로 일대일 코칭을 한다는 것이었다. 한길로는 현재 자신이 처해 있는 상황과 아무리 노력해도 영업이 잘 되지 않아 답답한 심정 등을 솔직히 적어 노하우에게 건넸다. 신 회장에게 코칭을 받고 싶은 마음이 절실했다.

간절함이 통한 것일까. 한길로는 다행히 신 회장에게 코칭을 받을 기회를, 그것도 일순위로 잡을 수 있었다.

"식사는 하셨습니까?"

한길로는 신 회장 앞에 서서 인사를 하고 물었다. 긴장해서인지 목소리가 떨렸다.

"네, 잘 먹었습니다. 앉으세요, 한길로 씨."

신 회장은 멀뚱히 서 있는 한길로에게 부드럽게 말을 건네며 앞자리에 앉으라는 손짓을 했다.

"저에게 코칭을 받을 수 있는 소중한 기회를 주셔서 다시 한 번 감사드립니다."

한길로는 자리에 앉아 재차 고개를 숙이며 진심을 말했다.

"제가 쓴 책, 읽어보셨다고 했죠?"

신 회장이 따뜻하게 웃으며 물었다.

"네. 제가 영업 관련 책을 많이 읽었는데 다른 어떤 책보다 마음에 와닿았습니다."

"그랬나요? 어떤가요? 책 표지 사진보다 실물이 낫죠?"

"아, 네. 훨씬 멋지십니다."

"책을 낸 지 8년이나 지났는데요?"

신 회장이 거짓말 말라는 듯 한길로를 빤히 쳐다보았다.

"그때보다 나이 들어 보이는 건 사실이지만 그만큼 더 중후해졌다고 할까요. 아무튼 제 눈에는 훨씬 멋져 보입니다."

당황한 한길로는 빠르게 말했다.

"그래요. 알겠습니다. 칭찬으로 듣겠습니다. 시간이 많지 않으니 본론으로 들어갈게요. 영업을 한 지는 얼마나 되었나요?"

"5년 정도 되었습니다."

"한 달 순수익은?"

"그게…."

한길로는 제대로 대답을 하지 못했다. 사실대로 말하기가 창피했다. 통장에 400만 원이 찍힌 것을 본 기억이 언제인지 모를 정도였다. 처음 일을 시작했을 때는 계약을 많이 했었다. 친구와 지인들이 도와줘서 수당 지급 날 통장에 1000만 원이 찍혔던 적도 있었다. 그러나 시간이 갈수록 실적은 점점 더 줄어들었다. 물론 매일매일 최선을 다한 덕분에 최악의 상태에까지 이르지는 않았지만 이 상태로 얼마나 더 버틸 수 있을지 의문이었다.

"대답하기 곤란한 모양이군요. 좋습니다. 다른 질문을 하지요. 사연을 보니 나를 만나고 싶은 이유가 보험의 달인이 되어 돈을 많이 벌고 싶어서, 라고 했는데 그동안 어떤 식으로 영업을 해왔나요?"

"입사해서 지금까지 정말 열심히 했습니다. 아침 일찍 집을 나와 근처 아파트단지에 주차되어 있는 차에 전단지를 꽂아 넣거나 지하철 입구로 가서 오가는 사람들에게 나누어주었고, 끊임없이 이런저런 모임에 나가 인맥을 넓혀 나갔습니다. 그렇게 아침부터 밤늦게까지 뛰어다녔지만 생각보다 계약이 잘 이루어지지 않더군요. 열심히 한다고 다 잘되는 건 아닌가 봅니다. 되는 건 없고 힘만 드니 점점 의욕이 사라지네요."

한길로는 사실대로 털어놓았다.

"그러셨군요. 한길로 씨는 열심히 뛰어도 안 되는 이유가 어디 있다고 생각하세요?"

"모르겠습니다. 제 어디가 잘못된 건지, 영업을 잘하려면 앞으로 제가 무엇을, 어떻게 해야 하는지 가르쳐주십시오."

"제가 보기에 한길로 씨는 돈을 벌고자 하는 욕심이 앞서 보험상품을 파는 데만 신경을 썼지 사람에게는 신경을 쓰지 않는 것 같아요. 그게 한길로 씨의 가장 큰 문제라는 생각이 듭니다."

한길로는 아무 말도 하지 못했다. 정확한 지적이었다.

"모임 등에서 만난 사람들도 한길로 씨가 왜 자신한테 접근하는지 알고 있을 거예요. 당연히 겉으로는 잘 대해 줄지 몰라도 속으로는 일정한 선을 긋고 있을 겁니다. 어느 정도 친해졌다 싶어 보험 얘기를 꺼내면 피하지 않나요?"

"네… 맞습니다."

"그럴 때마다 나는 영업에 소질이 없나 봐, 영업이 적성에 맞지 않나 봐 하는 회의가 들어 자신이 싫어지죠? 뭐 하나 잘하는 게 없는, 지독히 무능력한 놈이라며 스스로를 질책하기도 할 겁니다."

한길로는 힘없이 고개를 끄덕였다.

"그래도 길로 씨에게는 희망이 있습니다. 대부분 길로 씨와 비슷한 상황에 놓이면 일을 그만두기 마련인데 길로 씨는 돌파구를 찾기 위해 애쓰고 있으니까요. 이제 올바른 길을 찾아서 그 길을 걸어가야죠."

"제가 그럴 수 있을까요?"

"당연하죠. 지금부터는 보험이라는 상품보다 사람을 보세요. 보험을 팔려고만 하지 말고 먼저 상대와 마음을 주고받으세요. 사람들이 그 누구도 아닌 바로 나에게 보험을 들어야만 하는 이유, 주변에 보험영업을 하는 친구나 친척이 있는데도 굳이 나에게 보험을 들어야만 하는 이유를 찾아 시스템화해 보세요. 다만 그 이유를 초회 보험금을 대신 내준다거나 상당한 금액의 가전제품을 사서 선물한다는 등 물질적인 면에서 찾아서는 안 됩니다. 그것은 제 살 깎아 먹기에 지나지 않습니다.

먼 친척보다 가까운 이웃이 더 낫다는 말이 있죠? 사람들은 급히 해결해야 할 일이 생기면 가까운 사람들 중에서 해당 분야의 전문가를 찾기 마련입니다. 그러니 길로 씨도 보험 전문가라는 인식을 사람들에게 심어줄 수 있는 시스템을 만들어 나가야 한다는 겁니다."

"제가 어떻게 해야 그런 시스템을 만들 수 있을까요?"

"구체적인 방법은 길로 씨 스스로 찾아봐야죠. 길로 씨가 가장 잘하는 것이 뭐죠? 그걸 바탕으로 사람들이 길로 씨 곁에 모이게 만드는 방법을 만들어야죠."

"아, 네!"

한길로는 자신도 모르게 탄성을 내질렀다. 눈앞이 환해지는 느낌이었다.

그때 김 비서가 와서 코칭 시간이 다 되었음을 알렸다. 아쉬웠지만 어쩔 수 없는 일이었다. 한길로는 천천히 일어서서 신 회장에게 인사를 하고 월억회 회원들에게로 돌아왔다.

"길로 씨, 어땠어요?"

노하우가 옆자리에 앉는 한길로에게 물었다.

"뭐가요?"

한길로는 멍한 눈으로 노하우를 바라보았다.

"신 회장님과의 일대일 코칭이요."

"아, 네. 좋았습니다. 고마워요, 하우 씨. 하우 씨 덕분에 많은 걸 알게 되었어요."

"정말요? 잘됐네요. 길로 씨가 알게 된 거, 저도 알고 싶어요."

"영업이란 무조건 열심히만 한다고 잘되는 게 아니라는 걸 알았어요. 어렵게 고객을 만나서 구걸하듯 부탁하고 매달려도 계약이 잘 안 되는 이유가 어디 있는지 알았어요."

"그 이유가 뭔데요?"

"실적을 올리려는 욕심이 앞서 고객을 따뜻한 피가 흐르는 사람이 아니라 영업대상으로만 여겼기 때문이죠."

"그렇군요. 나도 반성해야 할 부분이네요. 앞으로 어떻게 할 계획이세요?"

"보험이 아니라 사람을 봐야죠. 내가 찾아가는 게 아니라 고객 스스로 나를 찾아오게 만들어야죠. 그 방법은 아직 모르겠어요. 좀 더 고민하고 노력하면 구체적인 방법을 찾을 수 있을 거라 믿어요."

"길로 씨, 그 방법을 찾으면 저에게도 알려주세요."

"그럼요. 당연하죠. 제가 이런 생각을 하게 된 것도 모두 하우 씨 덕분인 걸요. 앞으로도 많이 도와주세요."

"그래요. 이제부터 우리 같이 고민하고 노력해요."

노하우가 밝게 웃어보였다. 한길로는 노하우의 웃는 얼굴을 보고 묘한 감정을 느꼈다. 노하우의 입에서 나온 '우리'라는 단어가 귀에 맴돌았다. 이상하게 가슴이 설레였다. 한길로는 설레는 마음을 지그시 누르고 앞으로 다시는 마구잡이식 영업 따위는 하지 않겠다고 굳게 다짐했다.

그날 밤늦게 서울행 비행기를 타고 집에 돌아온 한길로는 방에 들어서자마자 책상 앞에 앉아 컴퓨터를 켰다. 포털사이트 검색창에 보험영업을 입력하고 엔터키를 쳤다. 어떻게 보험 영업을 잘할 수 있느냐는 질문과 그에 대한 답변, 관련 책 내용 소개 등이 화면에 떴다. 한길로는 그것들을 하나하나 읽어보았다. 하지만 도움이 될 만한 내용은 찾을 수 없었다.

한길로는 영업인협회 홈페이지에 들어갔다. 총회에 참석해 회원들과 대화를 나누고 신기루 회장을 만나 일대일 코칭까지 해서일까. 무엇을 봐야 좋을지 모르고, 무엇을 봐도 잘 이해가 되지 않아 답답해 했던 예전과는 달리 어디부터 봐야 할지 감이 잡혔고 내용도 어느 정도 이해가 되었다.

한길로는 다음 날이 휴일이라 느긋한 마음으로 협회소개부터 강의영상까지 꼼꼼히 살펴보았다. 역시 영업을 바라보는 관점이 남다르다는 생각이 들었다. 그중에서 특히 한길로의 시선을 끄는 글이 있었다.

노련한 어부들은 먼저 어종을 선택한다. 그래야 해당 물고기에 맞춰 그물을 선택할 수 있기 때문이다. 멸치를 선택했을 때는 멸치를 잘 잡을 수 있는 그물을, 고등어를 선택했을 때는 고등어를 잘 잡을 수 있는 그물을 선택한다. 그리고 자신들이 선택한 어종이 모여 있는 곳에 가서 그물을 친다.

노련한 낚시꾼도 마찬가지다. 붕어 낚시꾼은 붕어를 잘 잡을 수 있는 바늘과 미끼를 고르고, 쏘가리 낚시꾼은 쏘가리를 잘 잡을 수 있는 바늘과 미끼를 고른다. 그래야 물고기를 더 많이 잡을 수 있기 때문이다. 무슨 물고기든 많이 잡겠다고 무작정 바다에 나섰다가는 어떤 고기도 잡을 수 없다.

영업도 다르지 않다. 고수들은 어부와 낚시꾼이 어종을 고르듯 먼저 타깃팅을 분명히 하고, 그 타깃팅에 맞는 상품을 미끼로 제공한다. 하지만 하수들은 멸치가 모인 곳에 고등어 잡는 그물을 치고, 붕어가 있는 곳에 쏘가리 잡는 낚싯대를 던져놓고 고기가 잡히지 않는다고 투덜대는 어부나 낚시꾼처럼 이것저것 되는 대로 해본다. 그러다 아무 성과도 얻지 못하면 스스로 포기하곤 한다.

영업의 고수가 되고 싶은가? 그렇다면 노련한 어부와 낚시꾼처럼 먼저 타깃팅을 분명히 하라.

한길로는 그 글을 읽고 자신이 다루고 있는 생명보험, 교육보험, 암보험, 건강보험, 연금보험 중에서 하나의 상품에 집중하기로 했다. 문제는 어떤 상품이 자신에게 맞는지 모르고 있다는 것이었다.

한길로는 밤새 이것저것 검색하다 요즘 부모가 자녀 한 명을 대학까지 보내는 데 드는 비용이 3억 원이 넘는다는 사실을 알았다. 아이들이 다치면 부모가 노심초사한다는 것도 알았다. 이런 부모들에게 그들이 원하는 정보를 제공해 주면 관련 상품을 구매할지도 모른다는 생각이 들었다.

사실 한길로는 어릴 때 꿈이 초등학교 선생님이라 교육에 관심이 많았다. 아이들과 어울리는 것도, 아이들의 이야기를 듣는 것도 좋아했다.

그래! 젊은 엄마들을 타깃팅 삼아 뭔가를 해보자!

한길로는 궁리 끝에 젊은 엄마들을 대상으로 하는 카페를 개설했다. 카테고리는 인터넷 검색을 통해 3~40대 주부들이 가장 관심을 보이는 키워드를 찾아 만들었다. 대표적인 카테고리는 '여자로 태어난 엄마들은 모르는 아들 양육법', '삼사십대 주부가 아이를 키우며 집에서 할 수 있는 재테크와 부업거리', '여자들은 모르는 중년 남자의 관심사'였다.

그런 다음 주변의 지인들에게 카페를 개설했다는 사실을 알리며 가입을 권하고, 카페를 활성화하기 위해 좋은 글을 올리면 책을 선물하겠다는 공지를 하는 등 나름대로 노력했다. 하지만 좀처럼 회원 수는 늘지 않았다. 글도 거의 올라오지 않았다. 회사 팀원들 또한 누구 하나 한길로의 카페에 관심을 보이지 않았다. 특히 오 팀장은 한길로가 컴퓨터를 만지작거리는 것을 못마땅해 했다. 매일 10시만 넘으면 다른 팀원들은 모두 나갔는데 왜 혼자 사무실에 남아 있느냐고, 컴퓨터만 붙잡고 있으면 저절로 계약이 이루어지느냐고, 빨리 나가서 고객들을 만나라고 한길로를 채근했다.

오늘도 마찬가지였다. 참다 못 한 한길로는 오 팀장에게 말했다.

"제 일을 제가 알아서 할 테니 좀 믿고 지켜봐주세요."

그러자 오 팀장은 기다렸다는 듯 목소리를 높였다.

"아니, 길로 씨가 고객관리를 제대로 하지 않아서 매달 한두 계약은 꼭 실효가 나는데 지켜봐 달라는 말이 나오나? 컴퓨터 할 시간에 밖에 나가 한 사람이라도 더 만나야 실효를 막을 수 있을 거 아냐? 실효 나면 길로 씨만 수당이 깎이나? 나도 깎여. 그러니 군소리 말고 내 지시에 따라."

한길로는 오 팀장에게 더 말해 봤자 입만 아프다는 것을 알았다. 갑갑했다. 한길로는 컴퓨터를 끄고, 가방을 챙겨 들고 일어서서 사무실을 나왔다. 하지만 마땅히 갈 곳이 없었다. 밖에는 환한 햇빛이 눈부시게 쏟아져 내리고 있었다. 한길로는 햇빛을 받으며 무거운 발걸음을 옮겼다. 그러다 버스 정류장 앞에 이르자 문득 집 근처에 있는 문화정보도서관에 떠올랐다. 일요일이면 가끔 찾는 곳이었다.

한길로는 버스를 타고 도서관으로 갔다. 회원이라 자료열람실에 가면 책을 마음껏 볼 수 있었고, 전자정보실에 가면 컴퓨터를 평일에는 네 시간, 주말에는 두 시간 동안 무료로 이용할 수 있었다.

한길로는 먼저 자료열람실에 들어가 젊은 엄마들이 관심 있어 할 아들 양육법과 아이를 키우며 집에서 할 수 있는 재테크나 부업거리와 관련 있는 책을 찾아 읽었다. 그런 다음 괜찮다 싶은 내용이 나와 있는 페이지를 복사해 들고 전자정보실로 자리를 옮겼다. 전자정보실에는 최신형 컴퓨터가 스무 대 있었다. 한길로는 그중 한 컴퓨터 앞에 앉았다. 자신이 만든 카페에 들어가 그동안 올라온 글이 없나 살펴보고 책에서 찾은 정보를 각 카테고리 게시판에 입력했다.

그러는 사이에 시간은 빠르게 흘러 시계를 보니 어느덧 두 시가 넘어 있었다. 그제야 배가 고파진 길로는 지하 식당에 내려가 밥을 먹었다. 마음이 편했다. 왜 진작 도서관을 찾을 생각을 하지 못했나 싶었다. 느긋하게 점심을 먹은 한길로는 다시 전자정보실로 올라가 컴퓨터에서 이런 저런 정보를 찾았다.

다음 날부터 한길로는 팀원들과 함께 사무실을 나왔다. 팀원들보다 일찍 사무실을 나올 때도 많았다. 오 팀장에게 짜증 섞인 재촉의 말을 듣지 않으니 하루의 시작이 상쾌했다. 갈 곳이 있다는 것은 참으로 좋은 일이었다.

하지만 매일같이 젊은 엄마들에게 도움이 될 정보를 올리는데도 신규로 가입하는 회원이 별로 없다는 점은 고민이었다. 과연 이 방법이 나에게 맞는가 하는 회의도 슬쩍 일었다. 그러나 한길로는 애써 의구심을 버리고 카페를 활성화하기 위한 노력을 게을리하지 않았다.

그러던 어느 날이었다. 그날도 사무실을 나오자마자 도서관에 간 한길로는 자료열람실에 들러 엄마들에게 필요하다고 생각되는 내용이 담겨 있을 만한 책부터 찾았다. 그렇게 한 30분쯤 지났을까. 갑자기 한길로의 휴대전화가 윙윙거렸다. 한길로는 재빨리 열람실을 나와 전화를 받았다. 전화를 건 사람은 노하우였다.

"길로 씨, 언제 우리 사무실에 와주실래요?"

노하우가 물었다.

"언제요?"

한길로는 반가운 마음에 되물었다. 하루도 빠짐없이 나름대로 괜찮은 정보를 열심히 찾아서 해당 게시판에 올리고 있는데 신규회원이 늘지 않아 풀이 죽어 있던 차였다.

"오늘은 어때요?"

"괜찮습니다."

"그럼 지금 올 수 있으면 오세요."

"알겠습니다."

한길로는 전화를 끊고 곧바로 노하우의 사무실로 갔다. 신사역 근처 K빌딩 2층에 있는 노하우의 사무실은 30평 정도 되었다. 문을 열면 벽에 붙은 플래카드에 진하게 적혀 있는 문구가 먼저 눈에 들어왔다.

고객이 내 곁으로 오게 하라.

한길로는 직원들에게 이것저것 지시하고 있는 노하우에게 다가갔다.

"여전히 바쁘시네요."

"아, 길로 씨. 오셨어요. 잠깐만요."

노하우는 직원들에게 하던 말을 마저 하고 한길로를 자신의 방으로 데려갔다. 책상과 책장, 소형 냉장고와 4인용 테이블이 놓인 심플한 방이었다. 한길로는 노하우의 방을 처음 봤을 때 쓸데없이 치장하는 것을 싫어하는 주인의 성격과 꼭 닮았다는 생각을 했었다.

"앉아요. 뭐 마실래요?"

노하우가 멀뚱히 서 있는 한길로에게 물었다.

"커피는 싫습니다."

한길로는 테이블에 앉으며 대답했다.

"알아요."

노하우는 냉장고에서 음료수 두 개를 꺼내 들고 한길로 앞으로 왔다. 하나는 한길로에게 건네고 하나는 뚜껑을 따서 한 모금 마신 후 테이블에 내려놓았다.

"길로 씨, 말 돌리지 않고 물을 게요. 여전히 보험은 화장품과 다르다는 생각을 하고 있죠?"

노하우는 길로의 눈을 똑바로 쳐다보았다.

"맞습니다. 화장품은 사람이 모인 자리에 갖고 가서 좋은 점을 부각시킬 수 있지만 보험은 눈에 보이는 상품이 아니라 그럴 수 없으니까요."

한길로는 솔직히 대답했다.

"그래서 길로 씨는 제 방법을 활용하기 힘들다는 거겠죠."

"네."

"제가 지금과 같은 영업을 하게 된 과정은 알고 있죠."

"그럼요. 전에 들어서 알고 있습니다. 하우 씨 강좌를 보고 느낀 점도 많고요."

한길로는 성공의 길을 당당하게 걸어가는 노하우를 부러운 눈으로 바라보았다.

노하우는 신기루 회장에게 일대일 코칭을 받고 나서 과감하게 영업방식을 바꿨다. 벌써 2년 전의 일이었다. 그전에는 고객이 불러야 찾아가서 피부관리를 해주었는데 더는 고객이 부르기만을 기다리지 않았다. 대신 단골고객을 대상으로 사무실에서 무료 피부관리법 강좌를 열었다. 첫 강좌에 참석한 사람은 다섯 명이었다. 예상보다 적은 사람이 모였지만 노하우는 실망하지 않았다. 그녀는 밝은 목소리로 집에서 누구나 할 수 있는 피부관리법을 알기 쉽게 가르쳐주었다. 피부관리는 혼자 하기보다 주변의 지인들과 같이하면 훨씬 더 효과가 있다는 사실도 알려주었다.

노하우의 강의를 들은 사람들은 만족한 표정으로 노하우에게 자신이 쓰고 있는 화장품에 대해 상담했다. 상담이 끝난 후에는 다음에도 꼭 불러달라는 부탁을 하고 일어섰다. 집으로 돌아가는 그들의 손에는 화장품 세트가 담긴 쇼핑백이 들려 있었다.

노하우의 강의 내용이 좋다는 소문은 입에서 입으로 번져 2회 강좌에는 10명이 왔고, 3회 강좌에는 17명이 왔다. 참석자 수는 강좌를 거듭할수록 불어나 7회 때부터는 한 회에 50명 이상 모였다.

그러자 노하우는 3층의 빈 사무실을 임대해 그곳을 강의실로 만들었고 매달 25일에 강좌를 여는 것으로 못 박았다. 강의가 끝나면 강의실 곳곳에 배치해 놓은 화장품들이 속속 주인을 찾아갔다. 매출이 오르는 것은 당연한 일이었다.

노하우는 여기서 멈추지 않았다. 장소가 어디든 사람이 10명 이상 모이면 직접 그곳에 찾아가서 피부관리법을 알려주는 새로운 영업방법을 생각해 내고 이를 즉시 실행에 옮겼다.

자리를 만들어준 사람에게는 수익금의 일부를 주었다. 그 덕분인지 초청강좌도 점차 늘어났고, 급기야는 매달 여는 정기강좌에 부정기적인 초청강좌까지 노하우 혼자 감당하기 힘든 상황에 이르렀다.

그때부터 노하우는 자신과 같은 방식으로 피부관리법 강의를 할 사람을 모집했다. 지원자는 많았다. 노하우는 이해력이 높고, 외모가 단정하며 말을 조리 있게 잘하는 사람을 세 명 뽑아 그들에게 강의 내용과 강의법을 전수했다. 그들을 정기강좌는 물론 초청강좌에도 데리고 다니며 자신이 어떻게 하는지 직접 보게 했다. 두 달쯤 지난 후에는 그들에게 강좌 진행을 맡겼고, 자신이 보는 앞에서 강의를 할 수 있는 기회도 주었다.

함께한 지 반년이 다 되어 갈 무렵 세 사람이 독자적으로 강좌를 열어도 충분히 잘 이끌어 나갈 수 있는 능력을 갖추었다는 판단이 선 노하우는 새로 들어오는 초청강좌를 하나씩 세 사람에게 돌아가며 일임하기 시작했다. 강의를 맡기는 순서는 능력과 경험 등을 감안해 정했다. 노하우는 그들을 '멘티'라 불렀는데 이제는 그들도 각자 멘티를 두고 활발히 활동했다. 그에 따라 매출은 나날이 늘어만 갔다.

"길로 씨는 젊은 엄마들한테 인기가 있을 것 같아서 하는 얘긴데 저와 함께해 보면 어떨까요?"

노하우가 한길로를 마주 보며 물었다.

"예? 뭘요?"

"저, 길로 씨가 만든 카페 회원이잖아요. 길로 씨가 카페에 올린 글 다 읽었어요. 좋더군요. 제가 길로 씨 카페에 관심을 가지게 된 것은 제 고객과 길로 씨 고객이 젊은 엄마라는 공통점이 있기 때문이에요. 제 말대로 하면 저는 화장품을 팔고, 길로 씨는 보험을 파는 효과를 얻을 수 있을 거예요."

한길로는 귀가 솔깃해졌다. 컴컴한 방 안에 앉아 있는데 한줄기 빛이 들어온 느낌이었다.

"그래요? 그럼 제가 어떻게 해야 하는지 말씀해 주세요."

"먼저 길로 씨 카페에 우리 카페에 대해 간략하게 소개하고 클릭하면 우리 카페에 들어올 수 있도록 링크를 걸어주세요. 그리고 카페에 가입하면 가입선물로 화장품과 교환할 수 있는 쿠폰을 주겠다, 길로 씨가 올린 글에 댓글을 세 번 이상 단 회원에게는 피부관리법 강좌를 들을 수 있는 쿠폰을 주겠다는 광고를 해보세요. 아마 젊은 엄마들이 관심을 보일 거예요. 우리 화장품, 젊은 엄마들에게 인기가 좋은 건 아시죠?"

"그건 알죠. 그런데 실제로 효과가 있을까요?"

"해보고 효과가 없다면 그때 다른 방법을 찾아봐요. 또 하나 제안할 게 있는데 지금 길로 씨가 올리고 있는 글과 관련해서 재미있는 강좌를 만들어보는 건 어때요? 예를 들어 '여자로 태어난 엄마들은 모르는 아들 양육법'라든가. 제목도 그대로 갖다 쓰면 될 것 같네요. 사람들을 모을 걱정은 하지 마세요. 첫 강좌에 참석할 분들은 제가 책임지고 모아드릴게요."

"정말요? 그렇게만 해주신다면 당장 추진해 볼게요."

"잘 생각하셨어요. 강의할 장소는 따로 구하지 말고 저희 강의실을 사용하세요. 그리고 젊은 어머니들을 상대로 강의를 하게 되면 메이크업을 할 필요가 있는데 그건 제게 맡겨주세요. 길로 씨 메이크업은 제가 책임질게요. 대신 화장품 값은 주셔야 해요."

"당연하죠. 화장품뿐만 아니라 메이크업 비용도 지불할게요."

"아니에요. 메이크업 비용은 길로 씨가 잘됐을 때 받을게요."

"이렇게 신경 써주고 배려해 줘서 고맙습니다, 하우 씨."

"고맙기는요. 덕분에 저는 또 한 분의 고객을 확보한 셈인걸요. 고객에게 상품을 팔려고 애쓰기보다는 필요성을 제공하라. 그러면 판매는 자연히 이루어진다."

"그러네요. 한 수 배웠습니다."

"길로 씨는 눈매가 순하고 예쁜데 어딘지 모르게 슬퍼 보여요. 화장으로 슬퍼 보이는 모습을 지워서 밝고 매력적으로 보이도록 만들 거예요. 지금 입고 있는 양복과 넥타이 색도 좀 칙칙해 보여요. 되도록 화사한 색의 옷을 입고 넥타이를 매고 다녔으면 좋겠어요. 그리고 오늘부터 거울을 보면서 입꼬리를 올리고 웃는 연습도 하세요. 사람들이 길로 씨를 보면 밝고 환한 기운을 느낄 수 있도록 해줘야 해요. 알았죠?"

"제 인상이 전체적으로 어두운 모양이군요."

"솔직히 말하면 그래요. 그렇다고 실망할 필요는 없어요. 제 말대로 하면 분명히 달라질 테니까요. 우리, 한 배를 탔다고 생각하고 앞으로 서로 도와주며 잘해 봐요."

노하우가 말을 마치고 불쑥 한길로에게 손을 내밀었다. 한길로는 노하우가 내민 길고 예쁜 손을 조심스럽게 잡았다. 부드럽고 따뜻했다. 놓고 싶지 않았다. 노하우도 손을 놓지 않았다. 그러나 언제까지 서로 손을 잡고 앉아 있을 수는 없는 노릇이었다. 잠시 머뭇거리던 두 사람은 약속이라도 한 듯 거의 동시에 손을 놓았다. 분위기가 묘해졌다.

"저는 이만 가보겠습니다. 다음에 뵐게요."

한길로는 서둘러 일어나 노하우에게 인사를 하고 도망치듯 사무실을 나왔다. 한참을 걸어가니 두근거리는 가슴이 가라앉았다. 순간 솟구치듯 떠오르는 생각이 있었다.

고객은 자신에게 필요한 상품은 반드시 구입한다. 노하우가 내게 한 것처럼 고객에게 상품을 사달라고 매달리기보다는 왜 그 상품이 필요한지를 인식시키면 쉽게 계약서에 사인을 할 것이다.

그러면서 한길로는 자신도 언젠가는 노하우처럼 될 수 있을 거라는 생각을 했다. 머지않아 그렇게 될 거라고 믿었다.

그날 집에 돌아온 한길로는 옷도 갈아입지 않고 책상 앞에 앉아 컴퓨터를 켰다. 인터넷을 띄우고 자신이 만든 카페에 들어가 메인화면의 문구를 '이 땅에 여자로 태어난 3040 엄마들에게 드리는 알짜 정보!'로 바꿨다. 이어 노하우가 제안한 대로 그녀가 운영하는 카페를 소개하고, 클릭하면 그 카페에 들어갈 수 있도록 링크를 걸었다. 신규로 가입하는 회원에게는 기초화장품을 선물하고, 자신이 쓴 글에 댓글을 3번 이상 단 사람들에게는 피부관리법 강좌를 들을 수 있는 쿠폰을 제공하겠다는 광고를 했다. 앞으로 댓글 단 분야에 맞는 맞춤형 강좌를 열 것이며, 그 강좌 역시 무료로 들을 수 있는 쿠폰을 제공할 예정이니 많은 기대를 해달라는 예고도 했다.

그런 다음 한길로는 카테고리별로 그동안 올린 글들을 모아 각각 파일로 만들었다. 노하우의 권유대로 좀 더 내용을 보충해 강좌를 열기 위해서였다.

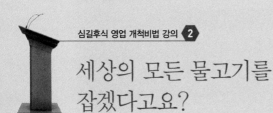

세상의 모든 물고기를 잡겠다고요?

:: 타깃팅을 분명히 하라

신기루 회장에게 일대일 코칭을 받은 한길로는 드디어 마구잡이식 영업에서 벗어납니다. 자신에게 맞는 새로운 방식을 찾아 인터넷을 뒤지다 영업인협회 홈페이지에서 타깃팅 관련 글을 읽고 하나의 보험상품, 즉 교육보험에 집중해야겠다는 생각을 하지요. 그리고 젊은 엄마를 대상으로 하는 카페를 개설합니다.

한길로는 카페를 활성화하기 위해 글을 올리면 책을 선물하겠다는 공지를 하고, 매일같이 카페에 젊은 엄마들이 관심 있어 할 아들 양육법, 아이를 키우며 집에서 할 수 있는 재테크나 부업거리 등에 대한 글을 올립니다. 그러나 좀처럼 신규회원이 늘지 않는 탓에 과연 이게 맞는 방법인가, 고민하고 회의를 느끼기도 하지요.

그러다 노하우에게 함께 일을 해보자는 제안을 받습니다. 카페에 올린 글을 주제로 강의를 해보라는 조언도 듣지요. 한길로는 노하우의 제안과 조언을 감사히 받아들입니다. 그는 이제 새로운 영업의 세계로 들어설 준비가 된 듯합니다. 여러분도 준비되셨나요?

본 강의에서는 한길로가 영업인협회 홈페이지에 올라와 있는 글을 읽고 나름대로 이해는 했지만 그 효과에 대해서는 아직 잘 모르고 있는 타깃팅에 대해 알려드리도록 하겠습니다. 강의를 들으면 타깃팅을 분명히 하는 것이 얼마나 중요한지 깨닫게 될 겁니다.

"여러분은 어떤 고객에게 영업을 하고 있으신가요?"

저는 저에게 처음 컨설팅을 받는 영업인들에게 이런 질문을 던집니다. 그러면 대부분 뭘 그런 걸 묻느냐는 표정으로 다음과 같이 쉽게 대답합니다.

"저는 자동차를 사려는 사람이요."

"저는 건강식품을 파는 사람이니 당연히 건강이 안 좋은 분이죠."

이제 여러분에게도 묻겠습니다.

"어떤 고객을 대상으로 영업을 하시나요?"

여러분은 뭐라고 대답하실 건가요? 혹시 앞의 질문에 속으로 위와 같은 대답을 생각한 것은 아닌가요? 그렇다면 여러분에게는 '정확한 나만의 고객'이 제대로 설정되어 있지 않을 가능성이 매우 높습니다. 무슨 뜻이냐고요? 자신의 상품이나 서비스를 필요로 하는 고객이 누구인지 정확하게 파악하지 못하고 있다는 말입니다. 이런 영업인들은 윗분이 구매확률이 높다며 알려주는 직업과 성향, 연령 등에 맞는 사람을 찾아 여기저기 열심히 돌아다녔을 게 분명합니다.

여러분은 어떤가요? 비슷한 경험을 하셨거나 현재 비슷한 상황에 처해 고민하고 있다면 본 강의에 주목하셔야 합니다. 여러분에게 딱 맞는 영업 프로세스를 찾아가는 첫걸음이 될 테니까요. 우리는 배워야 할 게 많습니다. 힘들다고 엄살 부리지 말고 하나라도 더 배워서 자기 것으로 만들겠다는 마음으로 주의를 기울이기 바랍니다.

"어떤 물고기를 잡을 겁니까?"

낚시를 하려는 두 분에게 이렇게 물었습니다. 그러자 한 사람이 대답합니다.

"뭐든 걸리는 대로 잡아야지요."

이어 다른 한 사람이 대답합니다.

"저는 붕어를 잡으려 합니다."

과연 둘 중 누가 더 낚시를 잘할 수 있을까요? 붕어라는 어종을 선택한 사람 아닐까요? 아무 낚시터에나 가서 아무 미끼나 낚시 바늘에 끼워 물에 던지면 과연 물고기가 잡히겠습니까? 저는 낚시하러 갔다가 빈손으로 오는 분, 많이 봤습니다.

반면에 붕어를 잡겠다고 마음먹었다면 모든 게 달라집니다. 우선 붕어가 많은 낚시터를 찾아가게 되겠죠. 그곳에서 붕어가 좋아하는 떡밥을 물에 뿌려 물고기를 모으겠지요. 아마 붕어뿐만 아니라 다른 물고기도 모여들 겁니다. 이때 붕어 입맛에 맞는 미끼를 낚시 바늘에 끼워 던지면 바로 입질이 올 것이고, 보다 손쉽게 붕어를 낚을 수 있을 겁니다. 참치를 잡으려면 배를 타고 먼 바다로 나가야 하고, 고래를 잡으려면 고래잡이가 허용된 바다로 가야 하는 것과 같은 원리입니다.

영업도 마찬가지입니다. 영업을 잘하기 위해서는 먼저 어떤 고객을 대상으로 할지부터 정해야 합니다. 이것이 바로 타깃팅입니다.

우리에게 주어진 시간과 에너지는 한정되어 있습니다. 20대, 30대, 40대를 가리지 않고 모두 내 고객으로 삼겠다는 생각은 버려야 합니다. 모든 사람을 대상으로 하면 모든 사람이 고객이 되니 더 큰돈을 벌 수 있을 것 같지만 실제로는 그렇지 않습니다.

세상의 모든 사람을 고객으로 삼으려면 거기에 맞는 전략을 세워 광고도 해야 할 것이고, 모든 사람에게 적용 가능한 제품이나 서비스를 구축해야 할 것입니다. 결코 적지 않은 비용이 들어가겠지요. 그러나 쏟아부은 비용에 비해 얻는 효과나 성과는 별로 없습니다. 경험해 보신 분들은 잘 알 겁니다.

영업을 시작하려는 사람들뿐만 아니라 영업을 오래하고 있는 사람들

중에서도 이처럼 불특정 다수를 대상으로 수많은 비용을 들여서 홍보를 하는 분들이 있습니다. 그 이유는 타깃팅에 대한 개념이 없기 때문입니다. 그래서 무턱대고 홍보를 하는 것이지요. 이는 경쟁자와 차별성을 만들지 않고 되는 대로 하는 영업입니다.

우리는 범위를 좁혀서 영업대상을 정할 필요가 있습니다. 예를 들어 '여드름 때문에 고민하는 많은 여성들 중에서 특히 20대 초반의 여성만'을 대상으로 영업을 하겠다는 식으로 말입니다. 이런 경우 여러 면에서 장점이 생깁니다.

첫째, 홍보를 위한 기획을 간결하게 할 수 있습니다.

둘째, 모든 연령을 대상으로 할 때보다 제품과 서비스를 만드는 비용이 적게 듭니다.

셋째, 고객의 상황에 맞는, 이른바 맞춤서비스를 제공할 수 있어서 그어떤 경쟁자들보다 더 고객의 눈에 띌 수 있습니다.

끝이 뭉툭한 송곳으로 두꺼운 도화지에 구멍을 뚫으려면 힘이 듭니다. 반면에 끝이 뾰족한 송곳을 사용하면 보다 쉽게 구멍을 뚫을 수 있습니다. 제가 이런 얘기를 하는 이유는 영업을 잘하기 위해서는 먼저 뾰족한 송곳 같은 것을 무기로 갖출 필요가 있기 때문입니다.

모든 사람을 대상으로 영업을 하다가 결국 모두를 충족시키지 못해 그동안 들인 많은 비용을 날리고 노력을 헛되이 하는 우를 범해서는 안될 것입니다. 범위를 좁혀서 타깃팅을 정하고 그들에게 딱 맞는 상품이

나 서비스를 제공하는 영업을 하는 것이 더욱 큰 효과와 성과를 얻을 수 있습니다.

우리가 지닌 에너지와 제품, 언어구사력, 영업스킬, 우리가 영업에 투자하는 시간 등은 크게 다르지 않습니다. 중요한 점은 그것들을 어느 곳에, 어떻게 집중하느냐 하는 것입니다. 그에 따라 나오는 결과가 크게 달라질 테니까요.

물론 영업을 할 때 모두를 만족시키기 위해 사소한 부분까지 하나하나 다 심혈을 기울여 시간과 노력을 투자한다면 언젠가는 엄청난 수의 고객을 확보할 수도 있을 겁니다. 하지만 그렇게 되기까지 너무나 많은 시간과 비용, 에너지가 들어갈 겁니다. 목표치에 도달하기 전에 비용과 에너지가 다 떨어져 주저앉을 수도 있습니다.

열심히 하겠다고 해서 하루에 48시간을 일할 수 있는 것은 아닙니다. 여태껏 세상에 존재하지 않았던, 보기만 해도 구매욕구를 당기게 하는 매력적인 상품을 갑자기 만들어 온 국민이 그 상품을 구매하려고 우리 앞에 줄을 서게 만들 수 있는 것도 아닙니다. 고객을 직접 만나 무엇인가 판매할 때 우리가 구사해야 할 멘트도 쉽게 바뀌지 않습니다. 영업을 하면서 자신에게 부족한 점들이 무엇인지 알았다고 해도 모든 부족한 점을 완벽하게 메울 수는 없는 노릇입니다.

다시 한 번 강조합니다. 타깃팅을 분명히 하십시오. 같은 크기의 영업력을 한곳에 집중하면 보다 큰 성과를 얻을 수 있습니다. 끝이 뾰족한 송

곳이 구멍을 더 잘 뚫는 것처럼 말입니다.

타깃팅을 하는 가장 좋은 방법은 스스로에게 물어보는 것입니다.

'대한민국 국민 딱 한 명에게만 내가 가진 물건을 팔 수 있다면 어떤 사람에게 팔고 싶은가?'

그런 다음 타깃으로 정한 고객이 '왜 우리 상품을 사야 하는가?' 분석해 봐야 합니다. 그 이유는 크게 세 가지로 나누어 살펴볼 수 있습니다.

첫째, 타깃 고객이 왜 우리가 파는 제품군을 구매해야 하는가?

•

•

•

둘째, 타깃 고객이 왜 우리 회사 제품(메이커, 브랜드)을 구매해야 하는가?

•

•

•

셋째, 우리 회사 제품을 취급하는 사람은 나 말고도 많은데 왜 타깃 고객이 내게 사야 하는가?

•

•
•

이 중에서 가장 중요한 것은 세 번째 질문입니다. 내가 타깃으로 정한 고객에게 내가 파는 것과 같은 상품을 판매하는 지인이 있을지도 모릅니다. 고객의 형이나 동생 등 가족 중에도 나와 같은 상품을 판매하는 분이 있을지 모릅니다.

그런데 왜 꼭 나에게 사야 할까요?

그 이유를 확실히 한다면 제품판매는 자연스럽게 이루어질 겁니다. 타깃 고객이 꼭 나에게 사야 할 필요성과 당위성을 만드십시오. 그래야 자신이 몸담고 있는 분야에서 최고의 영업인이 될 수 있습니다.

PART 3

노하우,
영업에 날개를 달다

"고객 스스로 찾아오게 하라…."

고수익은 노하우가 한 말을 되풀이했다. 그러고 보니 노하우와 한길로는 고객 스스로 찾아오게 만드는 시스템을 만들어 가고 있다는 생각이 들었다. 그 시스템을 만드는 방법을 두 사람에게 배워서 자신도 그렇게 하고 싶었다.

노하우,
영업에 날개를 달다

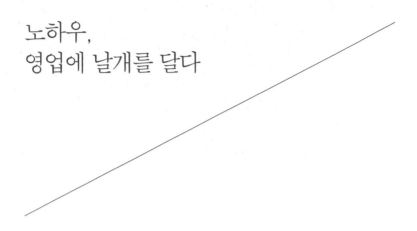

　노하우는 대표실 책상 앞에 앉아 한길로가 오기를 기다렸다. 오늘은 카페에 꾸준히 글을 써서 올렸던 한길로가 '여자로 태어난 엄마들은 모르는 아들 양육법!'에 대해 첫 강의를 하는 날이었다.

　노하우는 한길로에게 끌리는 마음을 어쩌지 못했다. 일이 잘 안 풀릴 때 들르곤 하는 강변 근처 커피숍에서 처음봤을 때부터 그에게 묘한 감정을 느꼈다. 말없이 창밖을 쳐다보고 있는 그의 강아지처럼 순한 눈매에 슬픔 같은 것이 깃들어 있었다. 그 눈이 자신으로 인해 햇살처럼 밝게 빛났으면 했다.

　노하우는 공부에는 별 취미가 없었다. 공부에 취미를 가질 형편도 못되었다. 초등학교에 입학하기 전까지만 해도 제법 풍족하게 살았는데 그

무렵 아버지의 사업이 망하면서 집안이 어둠에 잠겼다. 아버지는 매일 술이었고, 어머니는 생계를 잇기 위해 화장품 영업에 나섰다. 수업을 마치고 집에 돌아오면 아버지는 방 안에서 술을 마시거나 잠을 자고 있었고, 어머니는 보이지 않았다.

노하우는 아버지가 잠들어 있을 때면 어머니 화장품을 얼굴에 바르며 놀았다. 함께 어울릴 친구도 없었고, 공부도 하기 싫었던 것이다. 그러던 어느 날 어머니에게 화장을 한 모습이 들켜 크게 혼났던 적도 있었다. 어머니가 평소보다 일찍 들어오는 바람에 미처 화장을 지우지 못했던 것이다.

술로 세월을 보내던 아버지는 노하우가 초등학교 6학년 때 세상을 떠났다. 시신은 화장을 했다. 장례를 치르는 내내 노하우는 눈물 한 방울 흘리지 않았다. 아버지의 술주정을 더는 듣지 않아도 된다는 생각만 들었다.

이듬해 중학교에 들어간 노하우는 그때부터 아르바이트를 하며 학교에 다녔다. 공부와는 담을 쌓고 지냈다. 어머니는 그런 노하우에게 말하곤 했다.

"하우야, 아르바이트는 대학에 들어가서 하고 제발 공부 좀 해라. 내가 빚을 내서라도 너 대학에 보내줄게."

"네."

그럴 때마다 하우는 어머니와 말다툼하기 싫어 순순히 대답했다. 하지만 말뿐이었다. 어머니도 알고 있었다.

고등학교에 올라가서는 가끔 어머니가 집에 쌓아 놓은 화장품을 몇 개 빼내서 친구들에게 싼값에 팔았다. 덕분에 좀 논다는 친구들이 하우 주변에 모였다. 노하우는 기분이 좋을 때는 화장품을 그들에게 공짜로 도 줬고, 틈틈이 그들이 원하는 대로 화장을 해주었다.

노하우는 고등학교를 졸업하자마자 화장품 판매에 나섰다. 그동안 참 많은 사람을 만났다. 판매사원 중에 최고의 실적을 올려 본사 마케 팅부로 특채되는 기쁨도 누려봤다. 하지만 본사 근무는 오래하지 않았 다. 무엇보다 아버지가 남기고 간 빚에서 헤어날 방법이 보이지 않아 1년 만에 개인사업을 할 생각에 사직서를 내고 나왔다.

노하우는 어머니에게 돈밖에 모르는 년이라는 말을 들으면서도 악착 같이, 정말 열심히 일했다. 빼어난 미모와 시원시원한 성격 덕분에 사람 들이 주변에 모였고, 사업은 빠르게 자리를 잡았다. 한때는 직원 수가 20명이 넘었다. 그러나 외국 기업이 국내에 진출해서 물량공세를 펼치 며 무섭게 세를 확장하고, 잘나가는 직원들이 독립하겠다며 회사를 그 만두면서 사업이 어려워졌다.

그동안 주위에서 중매를 서겠다고 나서는 사람이 많았다. 어머니도 노하우가 서른이 넘어서부터는 시집이나 가라고 성화였다. 하지만 노하 우는 들은 척도 하지 않았다. 무능력한 남자와 결혼해서 고생만 실컷 한 어머니의 삶을 물려받고 싶지 않았다. 부자 소리를 들을 만큼 돈을 모으 기 전에는 결혼 따위는 할 생각이 전혀 없었다. 남자를 사귀고 싶은 마 음도 들지 않았다.

노하우는 사업이 어려워지자 오히려 직원을 더 많이 뽑았고 외국 기업 못지않은 물량공세를 펼쳤다. 그러나 역부족이었다. 외국 기업의 공세는 갈수록 더 치열해졌고, 매출은 갈수록 하향 곡선을 그렸다.

그러던 어느 날 좋은 방법이 없나 싶어 인터넷을 뒤지다 우연히 영업인협회가 있다는 것을 알게 되었다. 노하우는 영업인협회 홈페이지에 들어가 회원으로 가입하고 신기루 회장의 강의를 들었다.

신기루 회장은 "영업의 하수는 고객을 찾아다니지만 고수는 고객이 스스로 찾아오게 한다."며 조선 말기에 화장품을 팔아서 갑부가 된 여인, 사랑의 이야기를 들려주었다.

"사랑은 화장품을 팔러 다니지 않았습니다. 중국에서 화장품이 들어오면 자신이 먼저 써보고, 한양의 이름 있는 기생들을 찾아다니며 화장을 해주었고, 화장법을 가르쳐주었죠. 사랑의 손이 닿은 기생들의 얼굴은 꽃보다 아름다워졌습니다. 당연히 사랑의 화장법은 기생들의 마음을 사로잡았죠. 그에 대한 소문이 퍼지면서 한양 기루에 있는 거의 모든 기생이 사랑을 찾았습니다. 사랑이 한동안 모습을 보이지 않다가 나타나면 중국에 다녀온 것으로 알고 경쟁하듯 너나 할 것 없이 사람을 시켜 사랑을 불러서는 '더 좋은 화장품 없냐?'고 물을 정도였죠. 사랑은 결코 화장품을 상품으로 팔려고 하지 않았습니다. 화장품을 필요로 하는 사람들에게 왜 내 화장품이 당신들에게 좋은지 알려주었을 뿐입니다. 영업의 고수가 되고 싶으십니까? 돈을 벌고 싶으십니까? 그러면 상품을 팔려고 애쓰지 말고 내 상품을 필요로 하는 이들이 나를 찾아오게 만들어야 합니다."

노하우는 온몸에 소름이 돋는 것을 느꼈다. '이것은 나를 위한 강의다. 그동안 내가 무엇을 잘못했는지 일깨워주기 위한 맞춤강의다.'는 생각이 들었다. 노하우는 바로 신기루 회장에게 일대일 상담을 요청했다. 대기자가 많아 상담은 3개월 후에 이루어졌다.

상담실에 들어가자 신 회장은 노하우에게 이런저런 질문을 던지더니 텔레비전에서 세수법을 강의하는 여자에 대한 이야기를 들려주었다.

"자신의 동안 비결이 세수법에 있다며 어떤 손가락을 이용해서 어떻게 하면 젊어진다고 알려주는 내용입니다. 그분은 여기저기 강의를 다니는 한편 자신의 세수법을 책으로 펴냈고, 책이 입소문을 타고 베스트셀러가 되면서 방송에 나오게 되었죠. 자연히 예뻐지고 어리게 보이고 싶어 하는 여자들이 그분에게 모여들었고, 그분은 그들에게 세수법에 맞는 비누를 팔고, 화장품을 팔기 시작했죠."

"저도 그와 비슷한 전략을 짜보라는 건가요?"

노하우가 물었다.

"선택과 결정은 하우 씨가 하는 겁니다. 저는 방법을 제시할 뿐입니다. 단지 지금처럼 화장품 판매에 연연하지 말고, 고객이 화장품을 구매하는 목적을 팔아야 한다는 것만은 분명히 말씀드릴 수 있습니다. 하우 씨만이 할 수 있는 방법으로 구매목적을 팔아야 한다는 얘기입니다. 하우 씨는 피부가 참 좋군요. 어려 보이고, 눈에 띄게 아름답고요."

그날은 노하우에게 변화의 날이었다. 신기루 회장과 상담을 마친 노하우는 영업전략을 바꾸었다. 먼저 홈페이지를 만들었다. 대문은 여러 각도에서 찍은 자신의 얼굴 사진으로 장식했다. '동안을 만드는 노하우의 화장법!'이라는 동영상도 제작했다. 이어 단골고객을 대상으로 사무실에서 무료 피부관리법 강좌를 열었다. 그렇게 자신의 장점을 찾아 영업방식을 바꾼 결과 남들이 부러워하는 성공의 길을 달리게 되었다.

그때 누군가가 대표실 문을 두드렸다.

"들어오세요."

노하우는 생각에서 깨어나 말했다.

"대표님, 한길로 강사님 오셨습니다."

언제나 웃는 얼굴인 김 대리가 들어와 보고했다.

"그래요. 갑시다."

노하우는 일어서서 김 대리와 함께 3층 강의실로 올라갔다. 한길로는 강단에 서서 무어라 혼잣말을 하고 있었다. 강의실 한쪽에는 강의를 듣는 모든 사람에게 줄 화장품 샘플과 적극적으로 강사에게 질문하거나 강사의 물음에 답변하는 사람에게 줄 신상품이 여러 개 놓여 있었다. 첫 강의인 만큼 참가자 모두가 빈손으로 돌아가지 않도록 준비한 것이었다.

"오셨어요."

노하우가 비스듬히 서 있는 한길로에게 말을 건넸다.

"아, 네."

한길로가 몸을 돌려 노하우를 보고 꾸벅 인사를 했다.

"오세요. 메이크업 해야죠."

노하우가 손짓했다. 한길로는 말 잘 듣는 강아지처럼 노하우에게로 갔다. 사실 강좌를 듣기로 한 사람들은 대부분 노하우의 고객이었다. 어쩌면 그들이 한길로의 강의를 듣기로 한 건 노하우가 20분 정도 오프닝 겸 '집에서 혼자 하는 기미 잡티 관리법'을 알려준다고 했기 때문일지도 몰랐다.

노하우는 한길로를 데리고 강의실 왼편에 있는 대기실로 갔다. 대기실 화장대에 메이크업에 필요한 화장품 도구가 놓여 있었다.

"잘 부탁합니다."

한길로는 다시 한 번 노하우에게 고개를 숙여보이고 화장대 앞에 앉았다.

"길로 씨, 긴장했나 봐요."

"네 좀 떨리네요."

"젊은 아줌마들 앞에 서려니 떨리겠죠. 호호."

"왜 그러세요."

"걱정돼서요. 미인이 많아서 길로 씨가 정신을 잃지 않고 잘할지 걱정되네요."

"그건 상관없지만 저도 제가 잘할 수 있을지 걱정됩니다."

"그럼 안 되죠. 긴장 풀라고 한 농담이에요. 길로 씨는 잘할 수 있어요."

"그럴까요?"

"네. 지금처럼 저에게 말하듯 하면 돼요. 너무 잘하려고 하지 말고 참

가자들과의 소통에 중점을 두세요. 참가자들이 편안하게 들을 수 있는 분위기를 조성하세요."

노하우는 이러저런 얘기를 하며 메이크업을 했다. 한길로는 메이크업이 끝나자 입꼬리를 올려 표정을 밝게 했다.

마침내 강의시간이 되었다. 한길로는 천천히 심호흡을 하며 강단으로 올라갔다. 강의실은 젊은 엄마들로 가득 차 있었다. 모두 노하우가 애써 준 덕분임을 한길로는 잘 알고 있었다. 새삼 고마웠다. 강의를 잘하기보다는 편한 분위기를 만들라는 말도 한길로에게는 도움이 되었다.

한길로는 먼저 자기소개를 하고 물었다.

"여자 엄마인 여러분, 남자 아들 키우기 힘들지 않습니까? 그 이유가 뭐라고 생각하시나요?"

한길로의 질문에 고수익은 움찔했다. 어느덧 나이 앞 숫자가 3에서 4로 바뀐 고수익은 중학교 2학년 아들이 중이병에 걸렸다는 걸 과시하듯 별것 아닌 일에도 투정을 부리고 어깃장을 놓아 속앓이를 하고 있었다. 그러던 차에 한 달에 한 번 메이크업을 받으러 들르는 노하우의 사무실에 갔다가 다음 주 토요일인 4월 22일에 3층 강의실에서 '여자로 태어난 엄마들은 모르는 아들 양육법!'에 대한 강의가 있고, 강의를 듣는 사람 모두에게 화장품 샘플을 준다는 공고를 보게 되었다. 그것이 지금 고수익에 강의실에 앉아 있는 이유였다.

"남자 아들은 여자 딸과 신체적 특징이 다른 것처럼 성격과 기질도 전혀 다릅니다. 그런데 그런 점을 전혀 고려하지 않고 여자 엄마의 입장에서 남자 아들을 가르치려고 드니까 문제가 생기는 것이죠."

30대 초반쯤 되어 보이는 한길로의 강의는 재미있었다. 한길로는 여러 동영상을 통해 남자와 여자의 차이를 보여주면서 두뇌학자들의 의견을 들려주었다. 강사소개란에 보험영업을 한다고 적혀 있기에 언제 보험 이야기가 나올지 궁금했는데 한길로는 끝까지 보험에 대해서는 한마디도 하지 않았다.

고수익은 한길로가 뭣 때문에 강의를 한 건지 알 수 없었다. 그 또한 자신처럼 영업을 모른다는, 그래서 얻는 것 하나 없이 노하우에게 좋은 일만 시킨다는 생각이 들었다.

고수익은 한길로가 안쓰러웠다. 한길로는 눈매가 선해서인지 순둥이처럼 보였다. 남에게 폐를 끼치는 일을 절대 하지 않을 사람 같았다. 그러나 착하다는 것이 영업을 하는데 도움이 될까 싶었다.

고수익은 9년 전 교통사고로 남편을 잃었다. 당시 아들은 유치원에 다니고 있었다. 고수익은 남편이 남긴 사망보험금으로 한정식집을 치려서 돈을 벌어야겠다는 생각에 어머니에게 아이를 맡기고 한식요리학원에 다녔다. 음식 솜씨가 좋아 예전부터 식당 하면 잘하겠다는 소리를 듣던 터였다.

고수익은 열심히 학원에 다니며 52가지 음식 만드는 법을 배웠고, 한식요리사자격증을 땄다. 이곳저곳 부동산을 찾아다니며 발품을 팔아 목좋은 코너 자리에 위치한 새 건물 1층을 임대했다.

고수익은 경쟁력을 갖춰야 한다는 생각에 실내 인테리어를 최대한 고급스럽게 했다. 요리사와 홀 서빙 직원들을 성실하고 정직해 보이는 사람들로만 뽑았고 음식점 문을 연 후에는 카운터에만 앉아 있지 않았다. 손님은 물론 주방에도 신경을 많이 썼다. 식자재도 좋은 것만 골라 썼고, 주방이 바쁠 때에는 손을 보태기도 했다. 덕분인지 하루가 다르게 음식점을 찾는 손님이 늘었다. 돈도 많이 벌었다.

음식점을 찾는 손님이 줄어들기 시작한 것은 1년 전 근처 백화점 내에 대기업이 운영하는 한식뷔페가 들어서면서부터였다. 엎친 데 덮친 격으로 계약기간이 다 되자 건물주가 임대료를 두 배 가까이 올렸다. 어쩔 수 없이 몇몇 직원을 내보냈지만 임대료 주고, 전기세 등 공공요금 내고, 식자재비 주고, 직원 월급 주고 나면 남는 게 없었다.

고수익은 견디다 못해 음식점을 내놓았다. 더 버티다가는 빚더미에 앉게 될지도 모른다는 생각이 들었다. 무서웠다. 아들은 이제 겨우 중학생이었다. 대학 보내고 결혼까지 시키려면 돈이 많이 필요했다.

고수익은 뭔가 돈이 되는 일이 없나 찾았다. 그러다 화장품 영업을 하는 노하우를 알게 되었다. 노하우에게 화장품을 구매하고 메이크업을 받으러 다니면서 화장품 영업을 해보는 건 어떨까 하는 생각을 할 즈음 대학 동기가 고수익을 찾아왔다. 대학 동기는 고수익에게 식자재 쇼핑몰을 열었다며 자기와 함께 일해 보지 않겠느냐는 제안을 했다. 말이 좋아 동업이지 자기가 직접 하기 힘든 영업부분을 맡으라는 얘기였다.

그러나 고수익은 대학 동기의 제안을 순순히 받아들였다. 이왕 영업을 할 거면 자신이 잘 알고 있는 분야의 일을 하는 것이 낫지 않겠느냐는 생각이 들었던 것이다. 식자재에 관해서는 자신 있었다. 식당에 식자재를 대주던 상인들은 물론 지역 상인연합회에서 만난 음식점 주인들과도 가깝게 지냈다.

"강의 어떠셨어요?"

한길로의 강의가 끝나자 노하우가 밝게 웃으며 고수익에게 다가와 말을 건넸다.

"네, 원장님. 좋았어요. 잘 들었습니다."

고수익도 웃으며 대답했다. 그녀는 슬쩍 강의를 마친 한길로를 쳐다보았다. 한길로는 젊은 엄마들한테 둘러싸여 있었다. 엄마들은 궁금한 게 많은지 돌아가며 한길로에게 질문을 던졌다.

"처음 하는 강의인데 반응이 아주 좋네요."

노하우도 한길로를 바라보았다.

"처음이라고요? 대단하네요. 저는 하도 말씀을 잘하시기에 강의 경험이 꽤 많은 분인 줄 알았거든요. 왜 진작 이런 강의를 찾아 듣지 않았는지 모르겠어요. 괜히 아들에게 미안해지네요."

"아드님이 중학교 2학년이라고 하셨죠? 아직 늦지 않았어요."

"그럴까요?"

"그럼요. 이제부터 잘 키우면 되죠. 늦었다고 생각할 때가 가장 빠를 때라는 말도 있잖아요. 오늘 받으신 경품은 마음에 드시나요?"

"저야 항상 만족이죠. 원장님 덕분에 요즘 젊어졌다는 말을 많이 듣고 사네요. 들어도 들어도 기분 좋은 말이에요. 감사해요."

"참, 고 대표님. 새로 시작한 일은 잘되시죠?"

"열심히 하고는 있는데 모르겠어요. 앞으로 잘 부탁드릴게요. 많이 도와주세요."

"저도 잘 부탁드립니다. 우리 같은 영업자끼리 서로 도와가며 윈윈해야죠."

고수익은 노하우가 고마웠다. 노하우는 자신에게 화장법과 영업의 기술을 배우다 식자재 영업을 하겠다고 그만둔 고수익에게 싫은 소리 한마디 하지 않았다. 오히려 잘됐다, 축하한다며 고수익을 고 대표님이라 불렀다.

그 후 고수익은 한길로의 강의가 있는 날에는 시간 내서 강의를 들으러 왔다. 한길로에게 강의를 듣기 위해 오는 젊은 엄마들은 갈수록 늘어났다. 한 번 강의를 들은 사람들은 대부분 한길로가 만든 카페에 회원으로 가입했다. 그리고 다음 강의에는 누구 집이나 커피숍에 모여서 노닥거릴 시간에 좋은 강의도 듣고 화장품 샘플도 받자며 친구들을 설득해 함께 오곤 했다. 고수익도 매번 강의를 듣고 경품만 받아가기 미안해서 카페에 가입했다.

오늘도 한길로의 강의를 들은 고수익은 노하우를 따라 근처 식당으로 갔다. 그녀가 노하우에게 전화를 걸어 한길로에게 식사를 대접하고 싶으니 약속을 잡아 달라고 부탁한 것이 이틀 전이었고, 노하우로부터 강의가 있는 날인 오늘 저녁에 식사를 하기로 했다는 전화를 받은 것이 어제였다.

고수익은 노하우와 함께 식당에 들어가 자리를 잡고 앉았다.

"한길로 씨는 30분쯤 후에 올 거예요."

"네. 제 부탁 들어줘서 고마워요."

"고맙긴요. 어려운 부탁도 아닌데요, 뭐. 오히려 밥을 사주셔서 제가 고맙죠."

"원장님은 시원시원해서 좋아요."

"그죠? 호호."

두 사람이 웃으며 이런저런 대화를 나누고 있는 사이에 한길로가 들어왔다.

"강사님, 정식으로 인사드릴게요. 그동안 강의만 들었지 인사를 못 드렸네요. 저는 고수익이라고 합니다."

고수익이 일어나서 명함을 꺼내 한길로에게 건넸다. 한길로도 명함을 꺼내 고수익에게 건넸다.

"압니다, 고수익 대표님. 앉으시죠."

한길로가 자리에 앉으며 말했다. 고수익도 자리에 앉았다.

"하우 씨한테 말씀 많이 들었습니다. 제 강의를 한 번도 빠지지 않고 다 들으셨다면서요?"

"네. 강의 끝나면 인사드리려 했는데 그때마다 워낙 많은 분한테 둘러싸여 있어서 하지 못했어요."

"길로 씨, 어때요? 고 대표님, 참 곱죠?"

노하우는 한길로와 고수익에게 뭘 먹고 싶은지 물어 그대로 종업원에게 음식을 주문하고 한길로를 쳐다보았다.

"왜 이러세요, 원장님. 하긴 솔직하고 거침없는 게 원장님 매력이긴 하죠."

"저도 이렇게 고운 분을 눈앞에서 뵙게 되어 영광입니다."

"영광이랄 것까지야 있나요. 근데 제가 곱기는 곱죠? 호호."

고수익도 노하우처럼 스스럼이 없었다. 한길로는 앞에 앉은 두 여자가 외모도 성격도 비슷하다는 생각을 했다. 친자매라고 해도 믿을 정도였다.

잠시 후 음식이 나왔다. 한길로는 식사를 하며 물었다.

"저희에게 하실 말씀 있으시죠?"

"네."

고수익은 바로 대답했다. 식자재 영업에 뛰어든 그녀는 먼저 식당을 할 때 지역 상인연합회에서 만나 좋은 관계를 유지해 온 음식점 주인들을 한 명 한 명 찾아갔다. 그들에게 명함을 건네고 자신이 친구와 함께 운영하는 쇼핑몰에서 식자재를 구입해 달라는 부탁을 했다. 반응은 좋았다. 대부분 도와주겠다고, 걱정 말라고 자신 있게 말했다. 그 자리에서 구매를 약속한 사람도 여럿 있었다. 하지만 약속을 지킨 사람은 고작 세 명뿐이었다. 그제야 고수익은 영업이 생각보다 쉽지 않다는 것을 알았다.

그러던 어느 날 차에 꽂혀 있는 전단지를 본 고수익은 자신도 식자재 쇼핑몰을 소개하는 전단지를 만들어 식당에 뿌리기 시작했다. 그러나 효과는 별로 없었다. 전화벨은 좀처럼 울리지 않았다.

뭔가 잘못하고 있다는 느낌이 들었을 때 노하우가 눈에 들어왔다. 노하우는 고수익에게 화장품을 사달라는 말을 하지 않았다. 고수익 스스로 화장품을 사게 만들었다. 노하우로 인해 알게 된 한길로도 마찬가지였다. 보험영업을 한다면서 강의할 때 보험 이야기는 한마디도 하지 않았다. 그러나 한길로에게 보험을 드는 젊은 엄마들이 갈수록 늘어나고 있다는 것쯤은 눈치로 알 수 있었다.

고수익은 화장품 하면 자연스럽게 노하우가 떠올랐고, 보험 하면 저절로 한길로가 떠올랐다. 자신도 누군가가 식자재를 생각하면 연관 검색어처럼 그의 머릿속에 떠오르는 사람이 되고 싶었다.

"성공하고 싶으면 성공한 사람을 따라가라는 말이 있잖아요. 저도 두 분처럼 대부분의 영업자들이 하는 것과는 다른 영업을 하고 싶어요. 나 자신만의 특별한 영업비법을 찾고 싶어요."

고수익의 말을 들은 한길로와 노하우는 서로를 바라보며 고개를 끄덕였다. 짐작했던 대로였다. 두 사람은 고수익이 어떤 말을 할지 알고 있었다.

"언젠가 대표님한테도 말씀드린 거 같은데 신기루 회장님 아시죠?"

"네. 알아요. 영업계의 전설이라는 분이죠."

"맞아요. 그분이 월억회 모임을 이끌고 계시거든요. 저와 길로 씨는 월억회 회원이고요."

"월억회요?"

"네. 월억회는 월 1억 원의 수익을 목표로 하는 영업인들의 모임을 말해요."

"월 1억이요?"

고수익이 큰 눈을 더 크게 뜨고 물었다.

"네. 계속 영업을 하실 생각이면 월억회에 관심을 가져보세요. 저와 길로 씨가 추천하면 회장님께서 회원으로 받아주실 거예요."

"정말요? 부탁드려요. 영업이란 게 생각만큼 쉽지 않네요."

"우리도 고 대표님 같은 분이 함께하길 바라고 있어요. 제가 보기에 고 대표님은 머지않아 식자재 영업 분야에서 최고가 될 거예요."

노하우는 가방을 열고 손때가 잔뜩 묻어 있는 책을 하나 꺼내 고수익에게 건넸다.

"제가 이 책을 드릴 테니 읽어보세요. 다음에는 월억회 모임에서 뵈었으면 하네요."

고수익은 책을 받아 들었다. 책 제목은 『영업의 정석』이었다.

"신기루 회장이 쓰신 거예요. 서점에서 팔지는 않고 회원들끼리만 돌려 읽고 있죠."

"역시 좋은 분들과 식사를 하니 좋은 일이 생기네요. 저도 두 분을 월억회 모임에서 뵈었으면 해요."

"그래요, 고 대표님."

노하우가 활짝 웃으며 말했다.

고수익은 빛이 나는 것 같은 노하우의 얼굴을 물끄러미 쳐다보았다. 노하우의 넘치는 에너지가 부러웠다. 자신보다 나이는 어리지만 일하는 모습을 보면 배울 점이 많았다. 한길로의 강연도 노하우의 머리에서 나온 것이라는 생각이 들었다.

노하우도 고수익을 마주 보았다. 그녀는 일찍 남편을 잃고 아들을 키우며 열심히 살아가는 고수익을 볼 때마다 어머니가 생각났다. 하나라도 더 배우려고 하는 고수익의 모습을 보면 자신이 갖고 있는 것은 무엇이든 다 주고 싶은 마음이 들었다.

"고 대표님, 하나만 더 말씀드릴게요. 앞으로는 고객에게 매달리지 말고 고객 스스로 찾아오게 하는 영업을 하세요."

노하우는 여전히 웃음 가득한 얼굴로 말했다.

"고객 스스로 찾아오게 하라…"

고수익은 노하우가 한 말을 되풀이했다. 그러고 보니 노하우와 한길로는 고객 스스로 찾아오게 만드는 시스템을 만들어 가고 있다는 생각이 들었다. 그 시스템을 만드는 방법을 두 사람에게 배워서 자신도 그렇게 하고 싶었다.

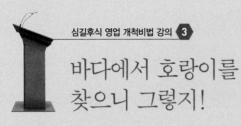
바다에서 호랑이를
찾으니 그렇지!

:: 포인트를 분명히 하라

노하우에 이어 한길로도 이제는 고객 스스로 찾아오게 하는 영업을 전개해 나가고 있습니다. 그로 인해 계약 건수도 자연스럽게 늘어나고 있지요. 식자재 영업을 시작한 고수익은 그런 두 사람에게 도움을 구합니다. 두 사람의 영업방식을 배우려 하지요.

고수익처럼 원하는 것이 있다면 응당 원하는 것이 있을 만한 곳을 찾아가야 합니다. 호랑이를 잡으려면 호랑이 굴로 들어가야 합니다. 반에서 1등을 하고 싶으면 그에 맞는 공부법을 찾아야 하고, 흑인을 만나고 싶다면 흑인이 있는 곳으로 가야 합니다. 단순하게 들리지만 매우 중요한 말입니다.

지난 강의에서 무엇을 배웠죠? 그렇습니다. 무작정 영업을 하기보다는 자신에게 맞는 아이템에 따라 어떤 고객을 대상으로 영업할 것인지 정해야 한다는 것을 배웠습니다.

특정 고객을 우리의 주요 고객으로 정하는 것을 뭐라고 했나요? '타깃팅'이라고 했죠? 지난 강의에서 스스로 생각해 보는 질문지도 소개해 드렸는데 타깃을 정하셨나요? 혹시 정하지 못하셨다면 한 번 더 읽으면서 깊게 생각하고 정하시기 바랍니다. 지금부터 말씀드릴 내용을 이해하기 위해서는 '타깃팅'에 대해 제대로 이해하고 있어야 하기 때문입니다.

이번에 배울 것은 바로 '포인트'입니다. 영업 프로세스를 갖추기 위해 필요한 타깃팅 다음 단계입니다.

어떤 고객을 대상으로 영업할 것인지 세부적으로 정한 후에는 무엇을 해야 할까요? 스스로 생각하면서 강의를 따라오시기 바랍니다. 그냥 받아들이기만 하는 것보다 스스로 생각하면서 받아들이는 것이 더 빠르게 습득하는 방법입니다.

생각은 이 책을 보는 내내 해야 합니다. 첫째도 생각, 둘째도 생각입니다. '될 대로 되겠지'라는 안이함을 버리고 '할 수 있다'는 생각을 가지고 하나씩 구체화해 나가십시오.

특정한 고객을 정한 후에는 무엇을 해야 할까요?

'우리의 고객을 어디에서 찾을 것인가'를 생각해야 합니다. 타깃팅을 정했으면 포인트를 정해야 합니다. 참치를 잡겠다는 어부가 강가에 가서 그물을 던지면 되겠습니까? 아무리 열심히 그물을 던져도 참치는 잡을 수 없습니다. 설사 바다로 나갔다 해도 마찬가지입니다. 참치가 잡히지 않는 곳에서 그물을 던지고 있는 어부가 있다면 지나가는 다른 배에 탄 어부가 한마디 할 겁니다.

"참치가 있을 만한 곳을 찾으세요!"

타깃이 있는 장소, 즉 포인트를 찾는 것은 매우 중요한 일입니다. 영업을 효율적으로 하는 가장 중요한 요소의 하나입니다. 물론 장소를 구하는 것이 말처럼 쉽지는 않습니다. 쉽다면 누구나 영업을 할 때 고객을 발굴할 겁니다. 어려우니 정확한 방법을 모르고 접근하는 수많은 영업인이 헤매는 것입니다.

얼마 전에 네일아트 숍을 운영하는 분이 저에게 컨설팅을 받으러 왔습니다. 그분은 정수기, 건강식품 등 이런저런 영업을 하다 네일아트 숍을 차렸다고 했습니다. 업종을 바꾼 탓에 새로운 고객을 유치해야 가게를 운영할 수 있는 상황이었습니다.

그분은 고객을 모집하기 위해 홍보문구가 담긴 전단지를 몇 만 장씩 뽑아서 뿌리고 다닌다고 했습니다. 가게를 찾아온 고객을 상대하느라 바쁘고, 어떻게 하면 보다 더 효과적으로 영업할 수 있을까 고민해야 하는데 고객이 찾아오지 않아 고민이라고 했습니다. 여기저기 돌아다니면서 가게를 알리고 있지만 효과는 거의 없다고 했습니다.

고객을 이해하지 못하고, 포인트의 원리를 모르는 영업인들이 대부분 이런 상황에 처하곤 합니다. 고객이 있을 만한 곳을 물색하고 선택하는 방법이 다른 경쟁자들과 별반 다르지 않아 매출도 경쟁자들과 비슷하거나 오히려 그보다 못한 경우가 발생하는 것입니다.

그럼에도 불구하고 수많은 영업인이 무작정 여기저기 돌아다니고 있습니다. 남들이 다 하니까 '이걸 왜 해야 하는가?' 스스로에게 물어보지도 않고 따라해 보는 겁니다. 그러나 아무리 돌아다녀도 효과는 없고 가슴만 답답할 뿐입니다. 정말 안타까운 상황이지요. 참치를 잡을 준비를 단단히 하고 동네 개울가를 헤매고 다니는 것과 같습니다.

일반적으로 많은 영업인이 다음과 같이 영업을 합니다.

- 무작정 아무 데나 찾아가서 고객을 모집한다.
- 전화번호부를 뒤적여서 고객이 될 만한 사람을 찾는다.
- 인터넷 사이트에 공개된 사람들의 연락처로 연락해 고객을 모집한다.
- 합리적인 루트를 통해 고객 DB를 판매하는 업체를 찾는다.
- 음성적인 방식으로 DB를 판매하는 업체를 찾는다.
- 광고를 해서 고객을 모집한다.

물론 이런 방법이 고객을 발굴하는 좋은 방법이 아니라는 말은 결코 아닙니다. 지금도 이런 방식으로 영업하는 분도 많고, 또 이런 방식으로 열심히 해서 어느 정도 성과를 거두는 분도 있습니다.

하지만 저는 저를 찾는 영업인들에게는 이런 방법으로 고객을 모집하라는 말은 절대로 하지 않습니다. 아무리 노력해도 노력한 만큼 성과를 거두기가 어렵기 때문입니다.

우리는 영업인이 넘쳐나는 시대에 살고 있습니다. 경쟁자가 나날이 늘어나는 시대에 이런 평범한 방식으로 영업하다간 살아남기 힘듭니다.

다른 경쟁자들과 같은 방식으로 같은 곳에서 고객을 모집하려 한다면 뜻대로 모집될까요? 죽어라 힘들게 일하는데 돈은 벌리지 않는 상황만 되풀이되기 마련입니다. 그런데 어디 영업할 맛이나 나겠습니까? 다달이 돈이 나가는 마케팅을 이것저것 하는데도 효과를 보지 못하고 있다면 고객을 효과적으로 모집할 수 있는 방법을 알아야 하지 않을까요? 어떻게 해야 고객을 잘 모집할 수 있을까요?

고객이 먼저 찾아오게 만드는 영업 시스템을 구축하려면, 어차피 만나야 하는 고객이라도 조금 더 효율적으로 만나는 방법을 찾아야 합니다. 포인트, 즉 타깃으로 하는 고객과 접촉할 수 있는 지점에 초점을 맞춰서 생각해 보십시오.

포인트는 크게 오프라인과 온라인으로 나눌 수 있습니다.

오프라인 포인트에는 나를 대신해 고객을 만날 사람을 만드는 방법인 영업채널, 레퍼, 제휴점, 키맨 등이 있습니다.

용어를 하나씩 짚어보면서 내용을 설명하겠습니다. 영업채널부터 시작해 볼까요? 영업채널은 고객을 단순히 우리에게 소개해 줄 사람만을 말하는 것이 아닙니다. 고객들을 그룹 형태로 모아서 영업인이 판매행위를 할 수 있도록 돕는 것을 말합니다. 우리를 대신해 고객을 모아주는 사람, 일정한 대가를 받고 체계적인 방법으로 우리를 위해 고객을 소개해 줄 수 있는 사람, 소개의 전 단계인 이벤트 제휴점 등의 형태로 무언가 우리에게 작은 도움을 주면서 수수료를 받는 사람 등도 영업채널에 속합니다.

다음은 명칭은 조금씩 다르지만 같은 의미로 사용되는 레퍼, 제휴점, 키맨에 대해서 설명하겠습니다. 레퍼, 제휴점, 키맨은 앞에서 말씀드린 영업채널에 포함되는데 간단히 말해 우리의 상품을 구매하는 조건으로 고객에게 판매할 수도 있고, 우리를 대신하여 이벤트를 진행하는 경비를 부담할 수도 있는 사람을 말합니다.

설명만으로는 이해하기 어려울 수 있으니 예를 하나 들어보겠습니다. 여기 화장품을 판매하는 영업인이 있습니다. 새로운 고객을 발굴하려는 그는 무작정 길거리에서 영업활동을 하는 것은 효율이 너무 떨어진다는 판단을 했습니다. 그는 '화장품을 구매할 만한 사람들이 누가 있을까?' 생각을 거듭한 끝에 미용실을 이용하는 고객들이 타깃이 될 수 있다는 판단을 하고 아는 미용실을 찾아갑니다. 미용실 원장님에게 '무료 이벤트 응모함'을 건네주고 미용실에 응모함을 비치해 주는 대가로 매달 원장님에게 홍보비를 지급할 것을 약속합니다. '원장님이 영업인을 위해서 특별히 해야 하는 일은 없다. 다만 미용실에 온 고객들에게 이름과 연락처를 적어서 응모함에 넣으면 무료 이벤트 체험을 할 수 있다고 적극적으로 참여를 유도했으면 한다.'는 내용을 알립니다. 그러면서 '원장님이 미용실 고객들에게 화장품 이벤트 응모에 참여하도록 권장하려면 원장님도 화장품이 좋은지 안 좋은지 알아야 하지 않겠느냐?'며 상품을 구매할 것을 권할 수도 있습니다. 원장님이 영업인의 제안을 받아들일 경우 영업인은 자신을 대신하여 고객의 DB를 모아줄 원장님(레퍼, 제휴점, 키맨)에게 판매도 하면서 매주 한 번씩 이벤트에 응모한 고객을 만날 수 있도록 한자리에 모아달라는 당부까지 할 수 있게 됩니다.

이러한 형태로 영업인은 최초로 만난 고객을 자신 대신 고객을 모아줄 소개자(레퍼, 제휴점, 키맨)로 만들 수 있습니다. 그리고 이를 통해 판매가 이루어질 경우 영업인은 자신의 레퍼에게 판매액의 일부를 수고비로 지급함으로써 둘 사이의 관계를 더욱 *끈끈하게* 유지할 수 있습니다.

그다음 온라인 포인트에 대해서 설명하겠습니다.

온라인 포인트에 대해서는 여러 책이나 영상을 통해 나름대로 '이러한 포인트에는 이런 부류의 고객들이 활동하고 있다.'는 내용을 정리해 놓았으니 참고 바랍니다.

최근에는 SNS가 확산되고 다양한 SNS채널들이 생겨나면서 다양한 특성을 지닌 사람들이 여러 채널에서 활동을 하고 있습니다. 영업인이 자신만의 프로세스를 구축하기 위해 '온라인 포인트'를 발굴할 때는 '이 채널은 이런 고객들' '저 채널은 저런 고객들'이라고 구분지어 놓고 특정한 채널에만 집중하는 것은 바람직하지 않습니다. 온라인 포인트를 발굴할 때는 각각의 채널의 특징이나 영업인이 선호하는 채널을 떠나서 우리의 상품이나 서비스를 광고할 수 있는 모든 채널을 아우르는 것이 중요하기 때문입니다.

대한민국 국민이라면 누구나 사용하는 대형 포털사이트에서 블로그를 통해 자신의 상품을 홍보하든, 운영하는 카페에 자신의 상품을 알리든, 운영하는 채널이 없다면 다른 카페와 제휴를 하여 그곳에 홍보를 하든 할 수 있는 방법은 모두 사용하는 것입니다.

예를 들어 건강식품을 판매하는 영업인이 자신의 상품을 판매하기 위해 '건강식품 이렇게 먹으면 절대로 안 된다!'라는 타이틀로 여러 영상을 촬영하여 유튜브에 게시한다면 이것 또한 강력한 온라인 포인트가 될 수 있습니다. 그러나 유튜브에 게시하는 것에만 국한하여 생각할 필요가 있을까요? 더 나아가 자신의 건강식품에 관심을 갖거나 필요로 할 것 같은 사람들이 많이 활동하는 온라인 사이트를 찾아 그곳에도 자신의 영상을 게시해 홍보하는 것도 좋은 방법입니다.

이러한 온라인 포인트를 제대로 발굴하기 위해서는 어떤 방법으로 접근하면 좋을까요? 물론 발굴하기 전부터 여러 온라인 포인트를 잘 알고 있고 자신의 업종과 맞는지 여부를 제대로 인지하고 있다면 더할 나위 없을 것입니다. 하지만 그렇지 않더라도 상관없습니다.

먼저 온라인 포인트에 대해 잘 모르고 있다면 일단 자신에게 친숙한 채널부터 하나씩 테스트해 보고 홍보 글이나 사진, 영상 등을 올려보면서 '나의 고객이 있을 만한 채널'들로 확장해 나가는 것이 좋습니다.

만약 온라인 포인트에 대한 이해도가 어느 정도 있는 상태라면 기존에 사용하던 채널을 계속 사용하면서 새로운 채널들을 하나씩 늘려 나가면 됩니다. '나의 고객은 이 채널에 있을 것이다.' 예측하고 온라인 포인트를 발굴할 수 있겠지만 시장의 반응이 예측한 것과 다르게 나타날 수 있기 때문입니다.

이런 점을 염두에 두고 온라인 포인트에 접근해 보시기 바랍니다. 고객이 스스로 찾아오게 하는 영업망을 효율적으로 구축하려면 자신의 채널을 확보해서 점점 더 많은 고객을 확보해 가는 형태로 포인트를 늘려나가야 합니다. 한 번으로 판매가 끝나고, 상품을 팔기 위해 또 다른 고객을 찾는 식의 영업을 하면 골머리만 아프고 고객발굴은 갈수록 어려워져서 끝내는 영업을 지속하기조차 힘들어집니다.

다음 강의로 넘어가기 전에 한 가지 당부드릴 것이 있습니다. 심길후식 영업 프로세스를 하나씩 신행해 나갈 때마다 스스로 '우리의 상황과 방금 읽은 내용을 우리의 상황에 맞게 어떻게 적용할 것인가?'에 대해 30분 이상 생각해 보십시오. 당장 책의 뒷부분을 읽고 싶어도 종이를 펼쳐놓고 생각을 적어보십시오.

무작정 '책만 읽으면 어떻게 되겠지', '빨리 읽기나 하자'고 페이지만 넘긴다면 아무것도 얻지 못하고 헤맬 수 있습니다. 조금 더 큰 열매를 많이 얻기 위해 영업 프로세스의 각 단계에서 말하는 내용과 이전 단계에서 말하는 내용을 잘 헤아렸으면 합니다.

PART 4

고수익,
영업의 정석에 빠져들다

먼저 음식점을 운영했던 경험을 장점으로 내세워 식당 사장들의 존경심을 불러일으키는 업적을 만들어보는 겁니다. 그동안 다져놓은 인맥을 활용하여 식당 사장님들을 대상으로 음식대항전이나 서비스 경연대회 같은 것을 열어보면 어떨까요?

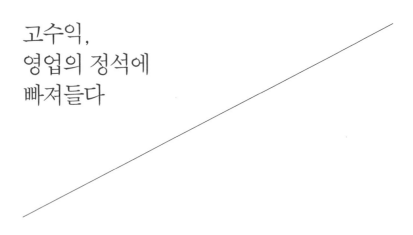

고수익,
영업의 정석에
빠져들다

고수익은 노하우가 준 책 『영업의 정석』을 읽고 많은 생각을 했다. 책에 적힌 모든 내용이 새로웠다. 특히 남자로서 여자를 고객으로 생리대를 팔기 위해 노력한 부분이 인상적이었다.

멀쩡하다 못해 잘생기기까지 한 총각이 여성용품인 생리대를 판매한다면 어떤 느낌이 드는가? 징그러운가?

어쨌든 나는 시작했다. 생리대를 팔기로 마음을 굳혔다는 말을 하자 친구들은 말렸다.

"왜 하필이면 생리대냐?"

"너 어디 이상한 거 아냐? 혹시 변태 아냐?"

하지만 나는 기죽지 않았고 포기하지도 않았다. 오히려 당당하게 밀어붙였다. 내가 팔기로 한 생리대는 군대 동기가 생리통으로 힘들어하던 여자 친구의 고통을 덜어주기 위해 만든 것이라고 했다. 그의 정성이 갸륵해 어떻게든 잘 팔아서 성공이라는 선물을 주고 싶었다. 그래서 길거리에 나가 판을 깔고 무턱대고 생리대를 팔기 시작했다.

"생리통을 줄여주는 아주 좋은 면 생리대입니다. 유해물질이 몸에 흡수되지 않아 건강에도 좋고 냄새도 나지 않을 뿐만 아니라 착용감이 정말 좋습니다."

영업에는 자신이 있었지만 길거리에서 생리대를 판매한다는 것은 쉽지 않았다. 부끄러운 마음을 버리고 한 분 한 분에게 차근차근 상품을 설명했다. 친구들의 우려와는 달리 의외로 많은 여성이 관심을 보였다. 값이 일반 일회용 생리대의 몇 십 배인데도 그 자리에서 구매하는 이들도 있었다. 나중에야 그녀들이 '생리통 완화에 대한 절박함' 때문에 비싼 가격임에도 불구하고 면 생리대를 구매했다는 사실을 알았다.

나는 생리대를 착용했을 때 불편한 점을 느껴보고 싶어 직접 생리대를 착용하고 다녀보았다. 생리통이 심한 사람은 허리가 끊어질 듯 아프기도 하고 아랫배가 똘똘 뭉쳐 얼얼하다 못해 다리까지 고통이 전해진다고 하는데 그런 고통까지 느끼지는 못해도 얼마나 불편한지는 느낄 수 있었다. 여자 친구가 생리통으로 고생하는 것을 보다 못해 직접 상품을 만들었다는 군대 동기의 말이 실감났다.

나는 면 생리대의 장점을 찾기 위해 여자 화장실을 뒤져 피가 묻은 생리대의 상태를 살피기도 했다. 주로 이른 새벽에 사람이 없는 틈을 타서 뒤지곤 했는데 운이 좋으면 생생한 혈흔이 묻은 생리대를 구할 수 있었고, 그 생리대와 우리 생리대를 비교해 볼 수 있었다.

그러다 화장실 청소하는 아줌마한테 걸려 변태 취급을 받기도 했다. 여자 친구에게도 피 묻은 생리대를 달라고 했다가 하다하다 별짓 다 한다는 소리를 들으며 욕을 바가지로 먹기도 했다.

그러나 나는 멈추지 않았다. 뜻이 있는 곳에 길이 있었다. 남자는 죽었다 깨어나도 생리통을 경험할 수 없는 것이 사실이다. 하지만 그래서 더 많이 연구하고, 더 많이 공감하려고 노력한 결과 면 생리대의 강점을 알게 되었다. 가볍고, 경쟁자가 드물고, 재고관리에 신경이 덜 쓰이고, 고객의 고통까지 덜어주는 좋은 상품이라는 확신이 들었다. 일회용 생리대의 단점도 보였다. 일회용 생리대는 자궁 관련 질환의 원인이 될 수 있었다.

나는 그때부터 면 생리대의 강점을 살리기 위해 노력했다.

간혹 생리통이 뭔지나 알고 생리대를 파느냐고 묻는 이도 있었다. 그때마다 나는 당당하게 말했다.

"암을 치료하는 의사가 암 환자여야만 제대로 치료를 할 수 있나요?"

의사는 병에 대한 전문적인 지식을 갖고 있으며, 환자의 고통에 대해 환자 이상으로 공감할 때 훌륭한 의사가 될 수 있다. 나 역시 생리통에 대한 전문적인 지식을 갖추고 생리로 고통을 겪는 이들에게 공감하면 훌륭한 생리대 판매자가 될 수 있는 것 아닌가?

물론 상품만 좋다고 잘 팔 수 있는 것은 아니었다. 전략이 필요했다. 먼저 사람들이 나를 찾게 만들어야 했다. 고객을 찾아다니기만 하면 힘이 들 수밖에 없었다. 사람들이 나를 찾아오게 만드는 방법에는 여러 가지가 있었다. 가장 기초적인 방법은 경품을 제공하는 것이었다.

나는 이대 앞에 무료체험대를 설치하고 물티슈, 수면양말 등을 경품으로 주었다. 생리대 사용에 대해 묻는 질문지를 나눠주면서 설문조사에 응하기만 해도 경품을 준다고 했다. 그러자 삼삼오오 관심을 갖고 사람들이 모여들기 시작했다. 그 자리에서 면 생리대 무료체험에 대한 얘기를 꺼냈다. 무료체험에 응하는 분들에게는 더 큰 경품을 드린다고 했다. 처음이 힘들지 한 번 사람이 모이기 시작하니까 금세 30명 가까이 모였다. 생리대는 자연스럽게 팔렸다. 그룹 세일즈의 시작이었다. 그다음부터는 써본 사람들이 입소문을 내서 생리대가 불티나게 팔렸다.

나는 생리대를 팔기 시작한 지 반 년도 안 되어 매장을 열었다. 친구에게 내 매장을 소개하는 고객이 늘면서 매장을 찾는 신규고객도 나날이 늘어났다. 그중에는 자신이 직접 매장을 차리겠다며 거래처를 물어보는 사람도 있었다. 덕분에 나는 생리대 영업을 시작한 지 1년 만에 1억 원의 매출을 올릴 수 있었고, 면 생리대를 만든 친구도 크게 성장할 수 있었다.

음식 장사를 오래한 고수익은 식자재의 장단점에 대해 잘 알고 있었다. 지금 판매하는 식자재, 반찬을 올려놓으면 더욱 맛깔나게 보이는 그

룻과 고기를 구워도 쉽게 눌어붙지 않는 불판, 식장 분위기를 살리는 식탁 등은 오래전부터 사용한 것들이었다. 따라서 제품에 대한 장점은 얼마든지 자신의 경험을 녹여 설명할 수 있었다. 굳이 신기루 회장처럼 여자 화장실을 뒤지거나 변태 소리를 들어가며 제품에 대해 연구할 필요는 없었다. 중요한 것은 어떻게 사람들을 만나고, 어떻게 사람들이 나를 찾게 만드냐는 것이었다. 사람들을 찾아다니는 영업을 하다 보니 쉽게 지치기도 했지만 사람들이 자신을 하루아침에 잘나가는 음식점 사장에서 초라한 영업자로 전락한 것처럼 보는 것 같아 짜증이 났다.

그래서인지 『영업의 정석』에 나오는 고객을 찾아다니는 영업보다 고객이 찾아오게 만드는 영업을 하라는 말에 더 마음이 끌렸다. 이것만이 자신의 비전이라는 확신도 움텄다.

고수익이 거실 소파에 앉아 한참 책을 들여다보고 있는데 휴대전화 벨이 울렸다. 전화를 건 사람은 노하우였다. 고수익은 재빨리 전화를 받았다.

"저예요. 늦은 시간에 전화했네요."

노하우가 밝은 목소리로 말했다. 노하우는 언제나 밝았다.

"아네에요, 이제 10시인 걸요."

"월억회 모임에 들어오고 싶다고 하셨죠?"

"네. 뭐 좋은 소식 있나요?"

"내일모레 영업인협회에서 모임이 있는데 오시겠어요?"

"당연하죠. 고마워요. 그럼 저도 월억회 회원이 된 건가요?"

"네. 금요일에 봬요."

노하우는 모임 시간을 알려주고 전화를 끊었다. 고수익은 영업의 정석을 읽고 있는 차에 월억회 회원이 되었다는 전화가 왔다는 것이 신기했다. 운명처럼 느껴졌다.

고수익은 금요일에 시간 맞춰 영업인협회를 찾아갔다. 김 비서라는 사람이 인터폰으로 이름을 알리고 협회로 들어서는 노하우를 신기루 회장과 월억회 회원들이 모여 있는 곳으로 데려갔다. 노하우와 한길로가 반갑게 노하우를 맞이하여 회원 한 명 한 명에게 소개했다. 노하우는 회원들과 명함을 주고받으며 인사를 나눴다.

모임은 고수익이 자기소개를 하는 것으로 시작했다. 이어 한 명씩 돌아가면서 자신의 영업경험을 이야기했다. 모두의 이야기가 끝나자 모임도 마무리되었다. 고수익은 회원들 경험담만 듣고 돌아가기 아쉬워 신기루 회장에게 일대일 상담을 신청했다.

"좋습니다. 가시죠."

신 회장은 고수익을 회장실로 데려갔다. 회장실은 넓었다. 한쪽 벽에는 책이 가득 꽂혀 있는 큰 책장이 세 개 붙어 있었다. 책상도 컸고, 6인용 검은 소파도 큰 편이었다.

"앉으세요."

신 회장이 고수익을 소파에 앉히고 손수 차를 끓여 찻잔과 함께 가져왔다. 고수익은 잔을 앞에 놓고 차를 따르는 신 회장을 물끄러미 바라보았다. 영업인협회 홈페이지에서 본 사진보다 연륜이 있어 보였다.

"차, 드세요. 노하우 원장님으로부터 얘기 많이 들었습니다. 식당을 운영하셨다죠?"

신 회장이 찻잔을 고수익 앞에 가져다놓고 물었다.

"네. 식당할 때는 나름대로 재미도 봤습니다. 하지만 대기업이 자본으로 밀고 들어오는 데는 견딜 재주가 없더군요. 그나마 적자로 돌아서기 전에 손을 떼서 크게 손해는 보지 않았습니다."

"제가 보기엔 사업수완이 탁월하신 듯한데 월억회에 들어온 이유가 뭔가요?"

"행복하고 싶으면 행복한 사람 곁에 있어야 한다는 말이 있죠. 저는 그 말을 믿습니다. 영업으로 성공하고 싶으면 영업으로 성공한 사람 곁에 있어야 한다는 말도요. 성공한 분들과 함께하고 싶어서 왔습니다."

"그렇군요. 알겠습니다. 저에게 무엇을 알고 싶어 상담을 요청했나요?"

"제가 식자재 영업을 하고 있다는 건 아시죠? 식자재를 팔려면 상품 특성에 맞는 영업전략이 필요한데 그걸 잘 모르겠어요."

"식자재가 여타의 영업과 다른 점이 뭐라고 생각하나요?"

"회장님이 파셨다는 생리대나 노 원장이 파는 화장품은 소모품입니다. 회전주기가 빨라서 구매했던 사람이 다시 구매하는 주기가 짧지요. 한마디로 고객에게 접근하기 쉽습니다. 하지만 식자재는 보통 세트로 구입하는 경우가 많고 한 번 구매한 사람이 또 구매할 확률이 적습니다.

더군다나 제가 취급하는 식자재는 신상품이라 지명도가 낮습니다. 그래서 어떻게든 고객으로 하여금 제품을 신뢰할 수 있도록 해야 하는데 쉽지가 않네요."

"지금까지 어떤 식으로 영업을 하셨나요?"

"제가 식당을 할 때 알았던 음식점 주인들을 상대로 지속적으로 제품 홍보를 하고 있고, 길거리에 매대를 차려놓고 제품의 우수성을 보여주는 실험도 하고 있습니다. 사람들이 제 앞에서는 다 좋다고 하지만 막상 구매로까지 이어지지 않아 고민입니다."

고수익은 그동안 영업을 하며 겪었던 고충을 털어놓았다. 자신을 초라하게 보는 사람들의 시선을 느꼈을 때 당혹스럽고 비참했던 기분도 그대로 전했다.

"그런 건 영업 초짜라면 누구나 겪는 일종의 통과의례 같은 겁니다."

신기루 회장은 웃으며 말했다.

"그렇죠? 저도 그렇게 생각하고 버티고 있습니다."

"중요한 건 얼마나 빨리 고수로 뛰어오르느냐, 하는 것이지요."

"그래서 저도 빨리 고수가 되고 싶은 마음에 회장님에게 상담을 요청한 겁니다."

"허허, 누가 저와 상담을 하면 고수가 된다고 했나요? 노하우 원장님이요?"

"제가 누구 말을 듣고 움직일 사람은 아닙니다."

고수익은 정색을 하고 말했다. 농담으로 분위기를 띄우려던 신 회장은 고수익이 보통내기가 아님을 알았다. 무슨 말을 해도 금방 알아들을 듯했다. 신 회장은 빙빙 돌리지 않고 말했다.

"고 대표님은 오랫동안 음식점을 했고, 나름대로 성공한 경험을 갖고 있습니다. 그러니 필요 이상으로 사람들에게 자신을 낮추지 마십시오. 경력을 이용해서 사람들이 고 대표님 곁으로 모여들게 만드는 전략이 필요할 겁니다."

"저도 나름대로 영업전략을 찾았습니다. 노하우 원장님과 한길로 씨가 하는 것을 지켜보기도 했지요. 인터넷에 카페를 연 것도 그렇고, 강연도 그렇고 참신한 기획이더군요. 하지만 식자재는 화장품이나 보험과 달라 어떻게 해야 할지 모르겠습니다."

신기루 회장은 고수익이 영업에만 초짜일 뿐 음식 장사를 하면서 얻은 경험이 풍부하다는 생각을 했다. 이런 사람에게는 당장 실천에 옮길 수 있는 구체적인 방법을 알려줘야 했다.

"고 대표님 같은 분은 처음이 중요합니다. 처음부터 기선을 제압해야 하죠."

"예? 기선제압이요?"

"먼저 음식점을 운영했던 경험을 장점으로 내세워 식당 사장들의 존경심을 불러일으키는 업적을 만들어보는 겁니다. 그동안 다져놓은 인맥을 활용하여 식당 사장님들을 대상으로 음식대항전이나 서비스 경연대회 같은 것을 열어보면 어떨까요?"

순간 고수익의 눈빛이 반짝 빛났다.

"되도록 대회 규모를 크게 하세요. 유명 셰프를 심사위원으로 모시는 것도 좋겠죠."

"대회를 통해 브랜드를 알리라는 거죠?"

"역시 바로 알아듣는군요. 맞습니다. 그렇게 브랜드 가치를 알리고, 브랜드에 대한 공신력과 유명세를 확보해 나가는 거죠."

"잘 알았습니다. 고맙습니다."

"성공 여부는 고 대표님이 어떻게 실행하느냐에 달려 있습니다. 고 대표님의 능력을 믿어 보겠습니다."

"네. 오늘 정말 귀한 시간을 내주셔서 다시 한 번 감사드립니다."

고수익은 신기루 회장에게 인사를 하고 회장실을 나왔다. 묵은 체증이 뻥 뚫리는 기분이었다. 무슨 일부터 해야 할지 감이 잡혔다.

먼저 한길로 씨에게 도움을 받아 홈페이지를 새롭게 단장해야겠다. 식자재 광고로 도배하다시피 한 홈페이지 메인화면부터 바꿔야겠지. 식자재 광고를 밑에 작은 광고로 최소화하고, 잘나가던 음식점 사장일 때의 나를 메인모델로 내세우자. 그리고 '잘나가는 식당 사장의 성공비법'라는 특별란을 만들어 실제로 잘나가는 식당 사장님들을 만나서 성공비법을 말하는 장면을 동영상으로 촬영해 올리거나 글로 소개하자. 그들과 그들이 운영하는 음식점 사진을 배경으로 활용하자. '잘나가는 식당의 비밀'이라는 칼럼란도 만들어 식당을 운영하는 데 꼭 필요한 노하우도 올리자. 그리고 앞으로 6개월 안에 '고수익배 음식대항전'을 열자.

고수익은 이런저런 생각을 하며 월억회 회원들과 함께 있었던 곳으로 갔다. 혹시나 했는데 모두 고수익이 상담을 마치고 나오기를 기다리고 있었다.

"뒤풀이에 참석할 거죠?"

노하우가 물었다.

"당연하죠. 오늘은 모든 일정을 월억회에 맞췄습니다. 좋은 분들과 함께하게 되어 정말 기쁘네요."

고수익은 노하우와 함께 뒤풀이 장소로 갔다. 근처 식당이었다.

고수익은 어떤 모임이든 본모임만큼 뒤풀이 모임도 중요하다는 사실을 알고 있었다. 음식점 문을 연 지 얼마 안 되었을 때는 집에 있는 아들 걱정이 앞서 상인연합회 모임이 끝나기 무섭게 집으로 가곤 했었다. 그러다 보니 회원들과 잘 어울리지 못했다. 왠지 서먹했다. 모임에서 회원들이 자신만 모르는 이야기를 주고받을 때도 있었다. 몇몇은 서로를 형님, 아우, 언니, 동생이라 부르기도 했다. 뒤풀이에서 어울린 만큼 돈독한 관계로 발전한 것이었다.

고수익은 안 되겠다 싶어 모임에 갈 때는 어머니 손에 용돈을 쥐어주며 오늘은 주무시고 가라고 부탁했다. 그리고 뒤풀이가 끝나 헤어질 때까지 회원들과 함께 있었다. 그러자 차츰 회원들과의 관계가 좋아졌다.

식당에 들어서자 종업원이 월억회 회원들을 예약석으로 안내했다. 고수익은 노하우 옆자리에 앉았다.

"월억회 회원이 되신 것을 다시 한 번 축하드립니다."

앞에 앉은 나대박이 말했다. 앞머리가 살짝 벗겨진 나대박은 항상 웃는 얼굴을 하고 있었다. 성격이 좋아보였다. 고수익은 나대박과 이런저런 대화를 나누다 나이를 물어보았다.

"5학년 2반입니다."

"어머, 저와 동갑이네요. 띠동갑."

고수익은 나대박에게 끌렸다. 이성으로서가 아니었다. 웃는 얼굴이 보기 좋았고, 부드러운 목소리와 오빠 같은 푸근함이 마음에 들었다. 부동산업을 한다는 말에 서로 손을 잡으면 서로에게 시너지 효과를 줄 수 있겠다는 생각도 들었다.

강남 노른자위 땅에서 부동산을 하는 나대박은 주변의 식당에 대해 종업원이 몇 명인지, 하루 매상은 얼마나 되는지 훤히 알고 있었다. 고수익도 음식점을 하면서 큰돈을 벌어 부동산 재테크에 관심이 많은 잘나가는 음식점 사장을 여럿 알고 있어서 나대박과 끊김 없이 대화를 이어 갈 수 있었다.

"이제 지방방송은 잠시 중단하고 중앙방송 시간을 가져보도록 하겠습니다. 오늘은 고수익 대표님이 새 식구로 오신 날입니다. 저와 한길로 씨는 잘 알지만 다른 분들은 잘 모르니 한 분하고만 얘기하지 마시고 두루 돌아가며 대화를 나누셨으면 합니다. 먼저 고수익 대표님께서 신입회원으로서의 각오를 밝혀주셨으면 합니다."

노하우가 일어서서 분위기를 바꿨다. 고수익은 아직 말을 섞어보지 못한 최대주와 나미래를 바라보며 말했다.

"반갑습니다. 제가 월억회 회원이 될 수 있도록 힘써 주신 노하우 원장님과 한길로 씨에게 감사드립니다. 저를 편하게 맞아준 나대박 대표님께 감사드립니다. 이제 두 분과 친해지는 시간을 갖도록 노력하겠습니다. 예쁘게 봐주시기 바랍니다. 좋은 분들을 만나게 되어 정말 기쁩니다. 특히 신 회장님과의 상담이 제게 큰 도움을 주었습니다. 묵은 체증이 확 뚫리는 기분이었습니다. 영업인은 결과로 말해야 한다는 말, 많이 들었습니다. 앞으로 좋은 분들과 함께해서 모두가 좋은 결과를 얻을 수 있도록 최선을 다하겠습니다. 감사합니다."

고수익은 진심으로 말했다. 회원들이 일제히 박수를 보냈다.

"어때요? 고 대표님 내공이 느껴지시죠?"

노하우가 다시 일어서서 말했다.

"네. 보통 분이 아니라는 건 첫눈에 알았습니다."

최대주가 말을 받았다.

"저는 5년 전에 건강식품 영업에 뛰어들었습니다. 그동안 열심히 해서 지금은 나름대로 자리를 잡은 상태입니다. 2년 전부터 월 1000만 원의 수익을 기본으로 올렸고, 레벨 업이 필요하다는 생각에 월 1억 원의 수익을 올리는 것을 목표로 월억회에 가입했습니다."

최대주는 나직한 목소리로 고수익에게 자신을 소개했다.

최대주는 타고난 장사꾼이었다. 말솜씨가 뛰어날 뿐만 아니라 신뢰를 주는 반듯한 외모에 사람의 심리를 꿰뚫어보는 눈을 지니고 있었다. 덕분에 수익이 월 1000만 이상은 꾸준히 찍어 먹고 사는 걱정은 하지 않게 되었다. 하지만 영업을 하면 할수록 자신이 하는 게 전부는 아닌 것 같다는 회의가 들었다.

최대주는 답답한 마음에 인터넷을 검색하다 영업인협회의 존재를 알게 되었다. 홈페이지도 있었다. 최대주는 협회 홈페이지에 들어가 이것저것 살펴보았다. 그러다 월억회 회원을 모집한다는 공고문을 보게 되었다. 최대주는 곧바로 영업인협회 회원으로 등록하고 월억회 모임 가입 신청서를 냈다. 그가 월억회 회원이 되었음을 축하한다는 메일을 받은 것은 그다음 날이었다.

최대주는 그동안 몇 번 모임에 나왔지만 아직까지는 도움이 될 만한 것을 얻지 못했다. 그래도 사람들이 좋아서, 사람들과 만나는 게 좋아서 모임에 나왔다. 아직 회원들은 최대주의 속내를 알지 못했다. 최대주가 전혀 내색을 하지 않았기 때문이었다.

"저는 올해 스물아홉입니다. 이 모임에서 막내죠. 미래라는 이름 때문에 여자로 오인하는 분이 많은데 저는 확실히 남자입니다. 군대에도 갔다 왔죠. 3년 전 제대하고 나서 바로 중국산 책걸상과 소파 등을 파는 일을 했습니다. 이제는 어느 정도 시장의 흐름을 알고 있지만 높은 수익을 올리는 시스템은 미처 만들지 못했습니다. 뭔가 획기적인 영업방법이 없을까 해서 찾던 중에 신기루 회장님을 알게 되었고, 회장님과 꾸준히 일대일 상담을 하며 높은 수익을 올릴 수 있는 시스템을 만들기 위해 노력하고 있습니다. 머지않아 좋은 결과를 얻을 수 있을 것 같은데 잘 모르겠습니다. 앞으로 친하게 지냈으면 합니다."

나미래가 말했다.

고수익은 역시 영업을 하는 사람들이라 친화력이 뛰어나다는 생각을 했다. 영업자로서의 고충도 서로 잘 알고 있었고, 각자 나름대로 자신이 맡은 분야에서 잘나가고 있는 실력자들이어서인지 분위기가 화기애애했다.

고수익은 모임에 온 것은 정말 잘한 일이라고 스스로를 칭찬했다. 신회장과의 일대일 상담을 통해 앞으로 해 나갈 사업의 방향을 잡을 수 있었던 것은 행운이나 다름없었다. 오랫동안 영업을 해온 사람들과 대화를 나누는 것도 좋았다.

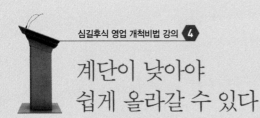

심길후식 영업 개척비법 강의 **4**

계단이 낮아야
쉽게 올라갈 수 있다

:: 로볼을 단계별로 활용하라

고수익은 신기루 회장이 쓴 『영업의 정석』을 읽고 고객이 찾아오게 만드는 영업에 대해 생각합니다. 월억회 회원이 되어 신 회장과 일대일 상담을 하고, 홈페이지를 바꿀 생각을 합니다. '고수익배 음식대항전'을 열 계획도 세우지요. 한길로와 노하우처럼 고객을 모아서 자신의 상품을 판매하려는 의도가 보입니다.

사실 매출을 올리려면 '애당초 구매의사가 있는 사람들만 자연스럽게 많이 만나서 거절 없이 잘 팔고 지속적으로 판매하는 영업방식'을 선택하는 것이 좋습니다. 처음부터 구매의사가 있는 사람을 만나기 위해서는 고객에 맞는 로볼을 마련해야 합니다.

예를 하나 들어보겠습니다. 50층이 넘는 아파트가 있습니다. 거기 가서 50층에 사는 사람을 만나야 합니다. 그런데 엘리베이터가 고장 나 움직이질 않습니다. 여러분은 어떻게 하시겠습니까? 중요한 것은 오늘 중으로 반드시 50층에 사는 사람을 만나야 한다는 것입니다. 어떻게 50층까지 올라갈 수 있을까요?

그렇죠. 계단을 밟고 올라갈 수 있습니다. 건물 벽을 타고 꼭대기 층까지 올라간 사람이 있다는 뉴스를 봤습니다만 우리는 굳이 그럴 필요가 없습니다. 계단이 있기 때문입니다.

물론 1층에서 50층까지 단 한 번에 올라가기는 힘듭니다. 그러나 쉬고 오르기를 반복하며 한 계단 한 계단 밟다 보면 언젠가는 50층까지 올라갈 수 있습니다. 한 걸음씩 걸을 수 있는 보폭의 계단만 있다면 누구라도 올라갈 수 있습니다.

우리도 영업을 이런 식으로 해야 합니다. 구매라는 최종 목적지에 도달하기 위해 우리가 만들어놓은 계단을 밟고 한 걸음 한 걸음 고객이 올라오게 하는 것입니다. 고객이라면 누구라도 큰 부담을 느끼지 않고 서서히 구매에 대한 욕구가 생기게 만드는 것입니다.

이렇게 계단을 만드는 것이 바로 '로볼'입니다. 한 문장으로 정의하면 '영업인이 무턱대고 자신이 원하는 것을 고객에게 요구하는 것이 아니라 낮게 던진 공처럼 고객이 쉽게 받아들일 수 있는 편안한 요구를 먼저 하고 차차 요구의 수준을 높여 가는 영업기술'입니다.

누군가 5미터 앞에서 돌처럼 단단한 야구공을 있는 힘껏 여러분을 향해서 던진다는 상상을 해봅시다. 여러분은 편안한 얼굴로 차분하게 공을 받을 수 있을까요? 공을 던지는 사람이 처음부터 세게 빠른 공을 던지면 받는 사람은 부담스러울 수밖에 없습니다. 공을 받기는커녕 피하기 바쁠 겁니다.

상대방이 받기 쉽게 공을 던지려면 처음에는 천천히 낮게 던지면서 조금씩 공을 던지는 속도를 높여 가야 합니다. 그래야 상대방도 재미를 느껴 가며 점차 빠른 공도 쉽게 받을 수 있게 되는 것이지요.

영업에도 바로 이 원리를 적용하는 것입니다. 제가 말씀드리는 도구들을 사용하면 고객발굴이 점차 쉬워진다는 것을 느낄 수 있을 겁니다.

로볼에는 정보, 경품, 할인, 샘플, 체험, 서비스, 멤버십 등이 있습니다. 우리는 이런 로볼을 사용하여 고객들이 우리에게 먼저 연락하게 하거나 상담을 요청하게 할 수도 있고, 우리의 상품 또는 서비스를 구매하고 다른 사람들에게 소개하게 할 수도 있습니다. 핵심은 우리가 원하는 방향으로 고객을 움직이게 할 수 있다는 것입니다.

고객에게 상품을 팔기 위해서는 '구매결정'이라는 벽을 넘게 해야 합니다. 고객이 벽을 쉽게 넘을 수 있게 하려면 계단을 만들어놓고 한 계단, 한 계단 올라올 수 있도록 해야 합니다. 한 번에 뛰어넘게 하면 고객은 아예 구매할 마음을 내지 않을 겁니다. 따라서 우리는 단계별 로볼을 활용할 줄 알아야 합니다.

일반적으로 고객과 첫 대면은 계단이 없는 단계입니다. 처음 만난 사람에게 우리의 아이템을 무작정 권하기만 하면 어떤 일이 벌어질까요? 아마 고객이 거부감을 느껴 첫 계단에 발을 디디는 것조차 싫어할지도 모릅니다. 처음 만났을 때는 고객이 첫 계단을 디디려는 마음을 내도록 해야 하고, 그 후에는 점차 계단을 밟고 올라갈 수 있도록 '프로세스'에 따라 적절한 로볼을 활용해야 합니다.

요약하면 다음과 같습니다.

첫째, 모든 영업에는 프로세스가 있다.

둘째, 각 프로세스(특히 고객 발굴)를 부드럽게 넘기기 위한 로볼이 필요하다.

영업을 진행할 때 고객발굴을 좀 더 잘하게 해주는 촉매제나 윤활유가 바로 로볼이라고 생각하면 됩니다. 로볼은 또한 미끼상품이라고도 할 수 있습니다. 낚시를 할 때 무작정 낚싯대에 바늘만 꽂아서 강이나 바다에 던지면 물고기가 잡히지 않습니다. 잡으려는 물고기가 좋아하는 밑밥을 뿌려서 낚싯대 주위로 몰려들게 해야 합니다.

저는 강의할 때 묻곤 합니다.

"땅바닥에 흩어져 있는 철가루를 모으려 합니다. 여러분은 손가락으로 하나하나 흙과 철가루를 구분 지으면서 찾으시겠습니까? 아니면 강력한 자석을 이용해서 팔만 휘휘 저어 땅바닥에 흩어져 있는 철가루가 달라붙도록 하겠습니까?"

　당연히 자석을 이용하겠다고 대답하는 분이 많습니다. 하지만 현실은 어떻습니까? 여러분은 여러분만의 자석을 가지고 있습니까?

　지금 이 순간에도 많은 사람이 죽어라 백사장에 널린 모래알 중에서 철가루를 찾고 있습니다. 이와 같은 방식으로 영업을 하면 시간은 시간대로 허비하고 돈은 돈대로 낭비하게 됩니다. 안타깝게도 자석을 갖고 싶다고 말하면서 정작 자석을 갖는 방법을 찾지 않고 있습니다. 더 안타까운 것은 많은 영업인이 고객이 자신에게 딱 달라붙게 만드는 자석을 먼저 구해야 한다는 사실 자체를 모르고 있다는 점입니다. 업계에서 수십 년 넘게 마르고 닳도록 써먹은, 효과 없는 영업방식을 고수하는 영업인도 많습니다.

　영업을 잘하고 싶다면 자석이 필요하다는 사실부터 알아야 합니다. 물론 아는 것에서 그쳐서는 안 됩니다. 자석을 갖고 있으면서 철가루를 찾아다니는 사람도 있습니다. 이래서는 효과를 거두기 어렵습니다. 반면에 자석으로 조직을 잘 만들어서 편안하게 쉬면서 철가루를 모으는 사람도 있습니다. 자석을 구하는 데만 급급할 것이 아니라 그것을 어떻게 활용할 것인가에 대해서도 고민해 봐야 합니다.

　이왕 자석을 구했으면 내 앞에 있는 철가루만 모을 것이 아니라 우리가 사는 지역, 나아가 더 크고 넓은 지역에 있는 철가루를 모을 필요가 있습니다.

이해를 돕기 위해 예를 하나 들겠습니다.

제 수강생 중에 중고차를 판매하는 분이 있었습니다. 제 강의를 듣고 그분은 타깃을 소형차를 구매하고 싶어 하는 여성 운전자로 정했습니다. 그리고 포인트를 운전면허시험장으로 정한 뒤 전단지와 현수막 등을 통해 고객의 DB를 얻으려 했습니다.

'중고차 딜러가 판매할 때 바가지 씌우는 노하우 7가지 모음집을 드립니다.'

그분은 전단지와 현수막에 이런 문구를 박아놓고 자신의 휴대전화에 문자로 원하는 차종과 이름을 보내주면 이 정보집을 준다고 알렸습니다. 그러자 고객들로부터 문자가 오기 시작했습니다.

그분은 이런 로볼 작업을 통해 1차적으로 차를 살 의사가 있을 수도 있는 고객의 DB를 추려낼 수 있었습니다. 그다음에 그분은 문자를 보낸 고객들에게 문자나 이메일을 통해 '여성 운전자가 소형 중고차 사기 전에 꼭 알아두어야 할 중고차 백과사전'을 보내드리겠다는 내용을 전했습니다. 그러면서 자연스레 고객들에게 자신이 운영하는 카페가 있다는 것을 알려 가입하도록 안내했습니다. 그리고 카페에 가입한 고객을 상대로 여러 이벤트와 모임을 열어 자연스러운 만남을 가졌습니다. 중고차에 대한 콘텐츠를 제공하고 본인이 전문성과 권위를 인정받을 수 있는 시스템을 자연스럽게 구축한 것입니다.

고객들의 반응은 어땠을까요?

중고차가 필요했던 사람들은 스스럼없이 그분에게 상담을 요청했습니다. 1차와 2차 로볼로 사용한 정보집과 카페에서 주최했던 모임, 이벤트 등이 고객들에게 '이 사람은 믿을 수 있다'는 인식을 심어준 것이지요.

다음은 처음 DB를 추출하고자 할 때 쓰는 정보 로볼의 예시입니다.

1. 중고차 처리하고 신차 살 때, 자칫 잘못하면 입는 손해 예방 노하우

2. 중고차 판매할 때 딜러들이 바가지 씌우는 노하우 10선 모음집

3. 보상비법 모음집 : 불나면 2억 준다더니 2000만 원도 안 주는 상황! 어떻게 해결하면 될까?

4. 놓치면 50만 원 손해 보는 '미리 알고 가면 좋은 성형외과'

5. 새로 나온 직장인 부자 만들기 재테크 비법

6. 8월 분양 예정인 수익형 부동산 정보 및 가치 분석

7. 서울대생이 전하는 공부비법 : 나는 초등학생 때 이렇게 공부했다

8. 아토피로 고생하는 자녀를 위한 워터 테라피 노하우

9. 1억이 2억 되는 시간 2년 8개월, 알고 보면 저위험 고수익 대안투자 A to Z

로볼은 우리가 어떤 업종에서 일하는지, 어떤 아이템을 취급하고 있는지, 우리의 전문성은 어디에 있는지 등에 따라 그 내용이나 형식이 달라질 수 있습니다. 영업인 자신과 아이템, 타깃 고객을 잘 분석해 보십시

오. 실전에 활용할 수 있는 정보성 로볼이 나올 것입니다.

그럼, 이제 자신에게 맞는 정보 로볼을 만들어볼까요? 그러기 위해 다음의 질문에 스스로 답을 해보시기 바랍니다.

첫째, 타깃 고객이 필요로 하는 정보는 무엇이 있습니까?

-
-
-

둘째, 타깃 고객에게 잠재되어 있는 문제점은 무엇입니까?

-
-
-

셋째, 타깃 고객이 조그마한 변화로 인해 눈에 띄는 이득을 볼 수 있는 것은 무엇입니까?

-
-
-

로볼은 정보, 경품, 할인, 서비스, 샘플, 체험으로 나눌 수 있다고 말씀드렸습니다. 그런데 샘플을 줄 수 없는 업종이 있고, 줄 수 있는 업종이 있습니다. 또 할인이 금지되어 있는 업종이 있고, 그렇지 않은 업종도 존재합니다.

이제부터 나 자신의 상황을 살펴보고, 나 자신에게 맞는 로볼을 기획하고 만들어서 활용해 보시기 바랍니다.

PART 5

나대박,
새로운 아이디어에
눈을 뜨다

짜장면과 짬뽕, 쉽게 선택할 수 없는 중국집의 대표 메뉴였다. 그 선택의
고민을 없애기 위해 그릇을 반으로 갈라 짬뽕과 짜장면을 한 식기에 담을
생각을 했다니, 이 얼마나 기발한 발상인가?
"남들과 다르게 하라!"

나대박,
새로운 아이디어에
눈을 뜨다

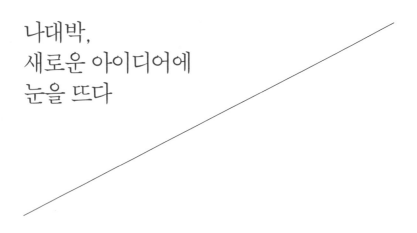

나대박은 사무실에 앉아 고수익이 오기를 기다렸다. 며칠 전에 있었던 월억회 모임 뒤풀이 자리에서 나대박은 고수익에게 가게 이전과 확장을 준비하고 있는 식당 주인을 소개해 줄 테니 한번 오라고 했었다. 고수익은 다음 날 바로 전화해서 언제 찾아가면 좋을지 물었고, 두 사람은 날짜와 시간을 맞춰 보다 오늘 1시 30분에 만나기로 약속을 정했다.

고객이 내 곁으로 오게 하라.

나대박은 책상 위에 붙여놓은 종이에 적힌 글을 읽었다. 노하우 사무실 벽에 붙은 플래카드에 적혀 있는 것과 똑같은 문구였다. 나대박은 아침마다 그 문구를 바라보며 결의를 다졌다. 처음에는 노하우처럼 종이를 사무실 벽에 붙였는데 가끔 찾아오는 손님들이 그 글을 읽고 못마땅해 하는 눈치를 보여 얼른 떼어냈다. 손님들 심기를 건드려서 좋을 건 없었다.

불과 1년 전만 해도 나대박은 컴퓨터와 스마트폰을 제대로 활용할 줄 몰랐었다. 그래도 오랫동안 영업을 하면서 맺은 인맥이 있어 최소한 한 달에 한 건 정도는 계약을 할 수 있었다. 하지만 어느 순간 컴퓨터와 인터넷을 활용하지 않으면 도태될 수밖에 없다는 사실을 알았다. 주변에 새로 부동산중개업소를 열고 운영하는 젊은 친구들이 인터넷을 적극적으로 활용하면서 나대박을 찾는 사람이 급격히 줄어들었던 것이다.

위기감을 느낀 나대박은 컴퓨터학원에 등록해서 컴퓨터를 다루는 기술부터 배웠다. 그즈음 인터넷 검색을 하다 우연찮게 신기루 회장에 대해 알게 되었고, 새로운 영업방식에 관심을 갖게 되었다. 월억회 회원을 모집한다는 공고를 보고 신청서를 내서 월억회에 가입하기도 했다.

월억회에서 만난 노하우는 나대박에게 많은 도움을 주었다. 나대박은 노하우의 사무실을 찾아가 보기도 했고, 그녀가 하는 강의를 듣기도 했다. 노하우는 자신의 영업비법을 스스럼없이 나대박에게 알려주었다. 나대박은 나이는 자신보다 한참 어리지만 노하우에겐 배울 점이 많다고 생각했다. 그녀는 한길로와 손을 잡은 이후 성공가도를 더 빨리 달리고 있었다.

노하우를 개인적으로 만나면서 나대박은 부동산 사무실의 인테리어를 강남의 카페처럼 세련되게 바꾸었다. 그리고 찾아오는 손님만 맞는 영업에서 벗어나 본격적으로 손님이 찾아오게 만드는 방식을 도입했다. 먼저 부동산 정보를 정리해서 책자로 만들어 고객들에게 지속적으로 보내주었다. 노하우의 영업방식을 벤치마킹해 오랜 고객들을 대상으로 사무실에서 무료 부동산 컨설팅 강좌를 열기도 했다. 반응은 좋았다. 하지만 부동산은 강의가 끝나면 바로 구매로 이루어지는 화장품과는 달라 효과가 있는지 없는지는 바로 알 수 없었다.

강좌를 계속해야 하나 그만둬야 하나 고민하던 나대박은 신기루 회장에게 전화를 걸어 상담을 요청했다. 신 회장은 흔쾌히 나대박의 청을 받아들였다. 나대박은 신 회장과 약속한 상담시간에 맞춰 영업인협회를 찾아갔다. 김 비서가 나대박을 맞이하여 회장실로 안내했다. 신 회장은 소파에 앉아 나대박에게 내줄 차를 준비하고 있었다.

"어서 오세요. 앉으세요."

신 회장이 일어서서 환하게 웃으며 말했다. 나대박은 신 회장이 권하는 그의 앞자리에 앉았다. 신 회장도 앉아서 차를 우려냈다. 문득 처음 만난 사람에게 따뜻한 커피를 주었을 때와 찬 커피를 주었을 때 그들이 어떻게 반응하는지 보여주었던 텔레비전 프로그램이 떠올랐다. 요컨대 사람들은 대부분 따뜻한 커피를 대접받았을 때 대접한 상대방에게 따뜻한 감정을 느낀다는 것이었다.

'바로 이거다!'

나대박은 신기루 회장이 건네는 찻잔을 받으며 생각했다.

'나도 돌아가면 당장 찻잔 세트부터 구입해야겠다. 손님이 오면 제일 먼저 따뜻한 차부터 권해야겠다. 왜 진작 이런 생각을 하지 못했을까?'

나대박은 차를 한 모금 마시고 차향을 음미했다.

"무슨 일로 저에게 상담을 요청하셨나요? 많이 힘드신가요?"

신기루 회장이 따뜻한 눈으로 나대박을 바라보며 물었다.

"예. 요즘 하루가 다르게 늘어나는 게 부동산중개업소여서 힘이 좀 드네요."

"지금까지 어떻게 영업을 해오셨나요?"

"물건이 들어오면 받아놓고, 그것과 비슷한 조건의 물건을 찾는 사람이 있으면 함께 가보는 식이었죠. 그래도 한 달에 한두 건은 계약이 이루어져 먹고사는 데 지장이 없었습니다. 그런데 언제부턴가 한 건도 올리기 어려워져서 많은 노력을 했습니다."

나대박은 도태되지 않으려고 컴퓨터를 배운 것에서부터 무료 강좌를 연 것까지 모두 애기했다.

"덕분에 차츰 나아지고 있고, 나름대로 희망도 생겨서 좋기는 하지만 워낙 부동산 경기가 먹구름이다 보니 원하는 만큼 매출이 일어나지는 않네요."

"그렇군요."

신기루 회장은 고개를 끄덕이며 다시 나대박의 찻잔에 차를 따랐다. 나대박은 찻잔을 들어 천천히 마셨다. 차향이 목을 타고 넘어와 온몸으로 번지는 느낌이었다.

"나대박 사장님, 부동산 고수가 되고 싶으시죠?"

신기루 회장이 입가의 미소를 거두고 물었다.

"네? 네. 그래서 월억회에 들어왔고 누구보다 열심히 하고 있다고 생각합니다."

"고수가 되고 싶다면 방법을 달리 해야 하지 않을까요? 그저 열심히만 해서는 고수가 될 수 없습니다. 고객이 찾아오게만 할 게 아니라 고객에게 상품을 만들어서 주는 시스템을 만들면 어떨까요?"

"무슨 말씀이신지 모르겠습니다."

"부동산을 상품화해 보는 겁니다. 있는 상품을 파는 게 아니라 고객에게 맞는 상품을 제공해 주는 거죠. 한번 생각해 보세요."

나대박은 고개를 갸웃했다.

"고객을 요구에 따라 세분화하고, 그에 맞춰 상품을 만들어보면 어떨까요? 예를 들어 임대수입을 원하는 고객, 실제로 살 집을 찾는 고객, 전세를 원하는 고객 등으로 세분화해서 각각의 요구에 맞는 상품을 만들어보는 겁니다. 임대수입을 원해도 자본금이 부족해서 개별구입은 엄두도 내지 못하는 사람들이 있다면 한데 묶어서 단체구입을 하도록 유도해 보는 거죠. 다시 말해 서로 목적은 같지만 자본금이 부족한 고객을 서로 연결하여 그들의 요구조건을 충족시켜주는 겁니다."

"아, 네…."

그제야 나대박은 신 회장의 말을 확실히 이해할 수 있었다.

"나대박 사장님, 남과 다르게 생각하고 그 생각을 실천해 보세요. 할 수 있겠죠?"

"예, 해보겠습니다."

그렇게 상담은 끝이 났다. 나대박은 신 회장에게 인사를 하고 회장실을 나왔다. 남과 다르게 생각하라는 말이 머릿속을 맴돌았다. 사무실로 돌아온 나대박은 그때부터 신 회장의 조언에 따라 고객을 성향별로 분류하기 시작했다.

"안녕하세요, 나 사장님!"

1시 20분쯤에 고수익이 나대박의 부동산 사무실 문을 열고 들어왔다.

"어서 오세요, 고 대표님. 차는 돌아와서 마시고 가실까요."

나대박은 일어서서 사무실을 나왔다. 고수익은 나대박을 따라 나갔다. 나대박이 말한 가게 이전과 확장을 준비 중인 중식당은 근처에 있었다. 나대박은 고수익을 데리고 그곳으로 들어갔다. 소문난 맛집이라 점심시간이 지났는데도 홀은 손님들로 가득 차 있었다.

고수익은 나대박이 권하는 자리에 앉아 홀 안을 둘러보았다. 인테리어는 깔끔했지만 공간이 넓지 않아 손님이 불편함을 느낄 수 있겠다 싶었다. 확장 이전은 참 잘한 선택이라는 생각이 들었다.

"사장님, 어디 가셨나요?"

나대박이 물통을 들고 와 내려놓는 종업원에게 물었다.

"예, 갑자기 급한 일이 생겨서 나가셨어요. 사장님 오시면 조금만 기다려 달라고 전하라셨습니다."

"알았어요. 주문은 좀 있다 할게요."

나대박이 물통을 들어 고수익 앞에 놓인 잔과 자신의 잔에 물을 따랐다. 고수익이 물을 한 모금 마시고 물었다.

"일은 잘 되고 있나요?"

"확실히 전보다 나아지긴 했는데 확 치고 올라갈 방법이 보이지 않아 고민이네요. 고 대표님은 어떤가요?"

"저희 형편은 사장님이 더 잘 알지 않나요? 생기는 게 음식점이고, 망하는 게 음식점이다 보니 기회인 사람도 있지만 위기인 사람도 많네요."

"그렇죠? 그러고 보니 우린 통하는 것이 있네요. 앞으로도 자주 봐요."

"그러게요. 월억회를 통해 사장님을 만난 게 저에게는 큰 행운입니다."

"아이고, 무슨 말씀을… 몸 둘 바를 모르겠네요. 시장하실 텐데 뭐 드셔야죠."

"네."

고수익은 식탁 위에 놓여 있는 메뉴판을 펼쳤다. 메뉴판에 박혀 있는 짬짜면 사진이 눈에 들어왔다.

"사장님, 혹시 융합이라는 말 아세요?"

고수익이 고개를 들어 나대박을 쳐다보며 물었다.

"융합이라? 서로 합친다는 말 아닌가요?"

"네. 둘 이상의 다른 종류가 녹아서 서로 구별 없이 하나로 합해지는 걸 말하죠."

"갑자기 융합 이야기를 꺼내는 이유가 있나요?"

"저는 짬짜면 그릇을 볼 때마다 감탄이 저절로 나와요."

고수익이 손가락으로 메뉴판에 있는 짬짜면 사진을 가리켰다.

"누가 생각했는지 참 놀랍지 않나요?"

나대박이 웃으며 고개를 끄덕였다. 짜장면과 짬뽕, 쉽게 선택할 수 없는 중국집의 대표 메뉴였다. 그 선택의 고민을 없애기 위해 그릇을 반으로 갈라 짬뽕과 짜장면을 한 식기에 담을 생각을 했다니, 이 얼마나 기발한 발상인가?

나대박은 문득 신기루 회장의 조언이 떠올라 혼잣말하듯 내뱉었다.

"남들과 다르게 하라!"

"예?"

"짬짜면 그릇을 보니 갑자기 신 회장님이 하신 말씀이 떠오르네요. 남들과 다르게 하라."

나대박은 말을 하다 얼마 전에 신축공사를 시작한 건물을 짬짜면처럼 나눠서 판매하면 어떨까 하는 생각을 했다.

"호호, 그렇죠? 저도 짬짜면 그릇을 볼 때마다 그 말을 떠올리곤 해요."

고수익이 말했다. 그러나 나대박의 귀에는 잘 들리지 않았다. 식당 주인이 온 장면, 그를 고수익에게 소개한 장면, 식당 주인과 고수익이 이런저런 대화를 나누는 장면, 셋이 함께 새로 확장 이전할 자리를 둘러보고 헤어진 장면만 기억에 남았다. 무슨 얘기를 했는지, 시간이 어디서 어디로 흐르는지 나대박은 알지 못했다. 나대박의 머릿속은 짬짜면 그릇을 보고 떠오른 부동산 분할판매에 대한 생각으로 가득 차 있었다.

사무실로 돌아온 나대박은 성향별로 분류된 고객DB를 살펴보며 밤 늦도록 어떻게 분할판매를 실행할까 전략을 짰다.

고수익이 나대박을 찾아간 시간에 최대주는 찜질방에 있었다. 사람이 모이는 곳에는 수요가 있기 마련이었다. 중요한 것은 '사람들을 어떻게 끌어모으냐'였다. 최대주는 찜질방에 오면 농협 쌀을 나눠주겠다고 광고해 사람들을 끌어모았다. 찜질방 주인에게는 수익금의 일부를 주기로 했다.

남들 눈에는 별거 아닌 듯 보여도 이는 최대주가 심리 관련 책도 많이 보고, 영업달인들의 영업기법도 두루 배우고 익혀서 짜낸 영업전략이었다.

몸에 좋은 건강식품을 소개하겠다며 관심 있는 사람들은 어디로 오라고 하면 잘 오지 않았다. 와도 경계심이나 시비하는 마음을 갖고 와서 좀처럼 건강식품을 구매하지 않았다. 때문에 최대주는 처음에는 건강식품에 대한 이야기는 전혀 하지 않았다. 대신 농협에서 나온 신상품을 홍보하기 위해 경품으로 농협 쌀을 준다고 홍보했다. 1kg짜리 농협 쌀은 특별히 주문제작한 것이라 만드는 데 많은 비용이 들지 않았다. 그나마 모두에게 주는 것이 아니었다. 모인 사람 중에서 자신의 말에 적극적으로 호응하는 이에게만 주었다. 대부분의 사람에게는 주상품인 건강식품의 샘플을 증정했다.

찜질방 입구에 서서 들어오는 손님들에게 검정 비닐봉지를 나눠주
며 경품이 뭔지 얘기하고 몇 시까지 휴게실로 오라고 하는 것도 최대주
의 전략이었다. 사람들은 빈손으로 오면 빈손으로 가는 것이 당연하다
는 생각을 했다. 그러나 비닐봉지를 손에 쥐면 찜질방에 왔다가 운 좋게
경품을 타갈지도 모른다는 기대감이 생겨 진행자의 말에 귀를 기울이고
적극적으로 행사에 참여했다. 빈 봉지로 돌아가면 뭔가 손해 본 것 같은
마음이 드는 탓이었다.

최대주가 예고한 시간이 되기도 전에 휴게실에 많은 사람이 모여들어
자리를 잡았다. 대부분 최대주가 나눠준 비닐봉지를 손에 들고 있었다.

"여러분, 복 중에 제일 좋은 복이 뭔지 아시나요?"

최대주는 예고한 시간이 되자 사람들 앞에 서서 물었다.

"아프지 않은 복이요!"

누군가가 손을 들고 큰 소리로 대답했다. 최대주가 고용한 바람잡이
였다.

"건강한 복이요!"

다른 누군가가 손을 더 높이 들고 더 큰 소리로 대답했다. 그 역시 바
람잡이였다.

"대답하신 분들 나오셔서 경품 받아 가세요."

최대주는 두 사람을 불러내 그들에게 농협 쌀을 안겼다. 농협 쌀을

받아 든 두 사람은 세상을 다 얻은 듯한 기쁜 표정으로 자기 자리로 돌아갔다.

"그럼 복 중에 복인 건강에 제일 좋은 것이 뭔지 아시나요?"

최대주는 두 사람이 자리에 앉자 다시 물었다.

"체질에 맞는 음식입니다."

또 다른 누군가가 재빨리 손을 들고 대답했다. 그 또한 바람잡이였다.

"맞습니다. 약식동원이라고, 약과 음식은 같다고 했습니다."

최대주는 다시 대답한 사람을 불러내 농협 쌀을 주었다. 일반 사람들은 뭘 물어도 대답을 잘 하지 않았다. 사람들이 화난 것처럼 입을 다물고 있고 진행자의 목소리만 들리면 분위기는 가라앉을 수밖에 없었다. 그래서 바람잡이를 고용하는 것이었다. 최대주는 티가 나지 않도록 적어도 세 명 이상 고용했다. 오늘도 마찬가지였다. 바람잡이들은 최대주의 질문에 적극적으로 대답하면서 분위기를 띄웠다.

대답만 하면 경품을 주는 것을 본 사람들은 이제 최대주가 질문을 던지기 무섭게 손을 들고 대답을 했다. 최대주는 당연히 그들에게도 경품을 주었다. 분위기는 갈수록 무르익었다. 최대주는 이제 됐다 싶을 때 슬그머니 본상품 소개로 들어갔다.

"우리 체질에 맞는 음식은 우리 땅에서 나야 한다는 것 잘 알고 계시죠? 이번에 농협의 이름을 걸고 신토불이 식품이 나왔습니다."

최대주가 상품소개를 마치자 바람잡이들이 나서서 상품을 구매했다. 그들을 보고 뭔가에 홀린 듯 사람들이 상품을 사기 시작했다. 판매는 성공적으로 이루어졌다.

오늘 같은 평일에는 주부들이 많이 모이는 까닭에 아동용이나 중년 남성용 건강식품이 잘 팔렸다. 주말에는 주로 가족 단위로 모이는 까닭에 주부용 건강식품이 많이 팔렸다. 사람들은 대부분 자신의 건강을 위해서는 지갑을 열지 않았다. 반면에 자녀나 배우자, 부모를 위해서는 쉽게 지갑을 열었다. 가족을 위한다는 마음이 들기 때문이었다. 최대주가 그런 심리를 이용하는 것도 고객에 대한 철저한 연구와 분석이 있었기에 가능한 일이었다.

최대주는 찜질방뿐만 아니라 동호회 모임이나 친목모임이 있는 곳에도 찾아갔다. 사전에 누군가를 통해서든 직접 연락해서든 모임 회장을 만나 '회원들이 모이는 장소에 불러 멍석을 깔아 달라, 수익금의 일부를 모임 발전기금으로 주겠다.'는 제안을 하면 대부분 받아들였다. 회원들도 회장이 모임장소에 최대주를 부른 이유를 설명하면 쉽게 지갑을 열곤 했다. 자신이 물품을 사는 것만큼 특별회비가 늘어난다는 명분이 있기 때문이었다. 한 번 그렇게 길을 터놓으면 소개가 꼬리를 물고 이어져 더 많은 매출을 올릴 수 있었다.

최대주는 본인이 지금까지 영업을 잘해 왔다는 생각을 했다. 영업에 대해서는 자신이 있었다. 돈도 남부럽지 않을 만큼 벌었다. 그럼에도 월억회에 가입한 것은 자신의 영업기법이 널리 알려져 경쟁자가 많이 생긴 탓이었다. 최대주는 시대는 끊임없이 변화하는데 현재에 머물러 있다가는 언제 뒤로 밀려날지 모른다는 위기의식을 느꼈다. 그는 새로운 돌파구를 찾다가 월억회에 대해 알게 되었고, 뭔가 획기적인 아이디어를 얻을지도 모른다는 생각에 회원으로 가입하게 되었다.

그러나 최대주는 세 번째 모임부터 월억회에 회의를 느끼기 시작했다. 회원들이 대단하다고 여기고 배우는 것들은 이미 자신이 다 알고 있는 것들이었다. 월억회 모임을 통해서는 배울 게 없을 것 같았고, 아까운 시간만 허비하는 것 같은 느낌이 들었다.

최대주는 나갈까 말까 한참 고민하다 여섯 번째 모임에 나갔다. 이번에는 마음의 결정을 할 생각이었다. 최대주는 시간 맞춰 영업인협회에 도착해 회원들이 모이는 곳으로 갔다. 신기루 회장을 비롯해 회원 모두가 모여 있었다. 신기루 회장과 회원들은 활짝 웃는 얼굴로 최대주를 반겼다. 좋은 사람들이었다. 그래서 쉽게 모임을 그만두지 못하는 것이었다.

"어느덧 월억회 모임을 시작한 지도 반년이 지났네요. 그동안 월억회 회원으로 이룬 성과가 있으면 그에 대해 발표하며 중간 점검하는 시간을 갖도록 하겠습니다. 누가 먼저 발표할까요?"

신기루 회장이 물었다.

"제가 먼저 발표하겠습니다."

한길로는 번쩍 손을 치켜들었다. 옆에 앉은 노하우가 자랑스럽다는 듯 한길로를 바라보았다. 한길로는 뚜벅뚜벅 강단으로 걸어갔다.

"발표하기 전에 여기 계신 모든 분께 감사드리고 싶습니다. 제가 월

170

억회에서 얻은 가장 큰 소득은 정말 좋은 분들을 만났다는 것입니다."

한길로는 강단에 서서 여유 있는 자세로 말했다.

최대주는 그동안 한길로가 많이 발전했다는 것을 알 수 있었다. 만날 때마다 표정이 좋은 쪽으로 변했다. 지금은 당당함과 자신감이 몸에 배어 있었다. 누가 봐도 성공한 영업인의 모습을 하고 있었다. 최대주는 한길로가 큰 성과를 이룬 것이 틀림없다는 생각을 했다.

"그동안 무슨 좋은 일이 있었나요?"

최대주는 궁금함을 이기지 못해 물었다. 입에 바른 공치사보다 실질적으로 얻은 성과가 무엇인지 듣고 싶었다.

"좋은 일, 있었습니다. 저는 이번 달에 6개월 전, 월억회에 가입할 무렵보다 세 배가 넘는 매출을 올렸습니다. 하지만 그보다 더 중요한 것은 매출이 기하급수적으로 오를 수 있는 텃밭을 다지게 되었다는 것입니다."

"구체적으로 어떻게 했더니 매출이 얼마나 올랐다는 식으로 말씀해 주시면 고맙겠습니다."

최대주가 심각한 얼굴로 말했다.

"예, 저는 우선 영업방식을 완전히 바꿨습니다. 예전에는 제가 고객을 찾아가는 식이었는데 고객이 저를 찾아오게 만드는 방식을 택해 시스템화했고 현재 거의 완성 단계에 있습니다."

"구체적으로 어떻게 만들었나요?"

"제게 큰 도움을 주신 분은 신기루 회장님과 노하우 원장님입니다.

신 회장님은 '상품을 팔지 말고 필요성을 제공하라.'는 말씀으로 방향을 제시해 주셨고, 노 원장님은 그것을 실행할 수 있도록 기반을 다져 주셨습니다."

한길로는 카페를 만든 것, 노하우의 권유로 강좌를 연 것 등 지금에 이르기까지 있었던 일들을 자세히 설명하고 조만간 카페에 올린 글을 모아 책으로 펴낼 예정이라고 말했다.

"그것이 보험판매와 무슨 상관이 있었던 거죠?"

"젊은 엄마들을 상대로 '여자들은 모르는 남자 아들 다루기'를 주제로 강의를 하면서 그분들에게 자녀들에게 필요한 교육보험과 상해보험을 판매할 수 있었습니다. 30~40대라 자녀들이 대부분 초등학생이었거든요. 강의 횟수가 늘어나면서 강의를 듣는 어머니들이 제가 보험영업을 한다는 것을 알고 먼저 저에게 어떤 상품이 좋은지 묻는 경우도 많아졌습니다. 또한 '여자들은 모르는 중년 남자의 관심사'에 대해 강의하면서 남편에게 필요한 건강보험과 상해보험을 판매할 수 있었습니다. 제 카페 내에 소모임을 만들고, '소모임 장으로서 제게 강의를 들을 사람들을 모아 강의를 요청하는 분에게는 보험판매 수익금의 일부를 주겠다.'는 공고를 했더니 소모임이 갈수록 늘어나서 지금은 저를 대신할 사람들을 가르치고 있습니다. 아직 시스템이 완벽하게 구축된 게 아니라 매출은 세 배 정도밖에 오르지 않았지만 시스템이 정착되면 사업은 빠르게 확장될 거라 봅니다."

한길로는 발표를 마치고 인사를 했다.

"정말 큰일을 했군요. 축하합니다."

다른 회원 모두가 자기 일처럼 기뻐하면서 박수를 쳤다. 한길로는 박수를 받으며 자리로 돌아왔다. 이번에는 한길로 옆에 있던 노하우가 일어나서 강단으로 향했다.

"사실 저는 신기루 회장님을 알기 전부터 든든한 인맥으로 여러 모임을 이끌며 나름대로 성과를 내고 있었습니다. 화장품은 특성상 자리만 만들어지면 판매가 어느 정도 이루어졌기에 그 정도로만 해도 충분하다고 생각했습니다. 그런데 신기루 회장님을 알게 되고 회장님에게 일대일 코칭을 받은 후로 영업의 틀을 확 바꿀 수 있었습니다. '상품을 팔지 말고 필요성을 제공하라.'는 말을 신조 삼아 그동안 내게 부족했던 것을 채워 나갈 수 있었습니다. 월억회에 가입한 후로는 제 방식에 더욱 확신을 갖게 되었고요. 예전에는 그날그날의 매출에 연연했는데 이제는 고객의 메이크업에 더 신경을 쓰고 있습니다. 실제로 저에게 메이크업을 받은 분한테 이미지 변신에 성공해서 삶의 질까지 향상됐다는 말을 들을 때가 제일 기쁩니다."

"노 원장님의 메이크업 덕분에 다시 태어난 사람이 바로 접니다."

한길로가 불쑥 끼어들었다. 한길로 앞자리에 앉은 고수익도 거들었다.

"저도 마찬가지입니다. 노 원장님 아니었다면 지금의 저는 없었을 거예요."

"저도요. 노 원장님을 만나기 전에는 아무거나 대충 입고 다녀서 후줄근하다는 소리를 들었는데 요즘은 노 원장님 메이크업과 코디 코칭 덕분에 세련됐다는 소리를 많이 듣고 있습니다. 처음에는 바람났냐며 볼멘소리를 하던 아내도 이젠 아주 좋아하고 있습니다. 하하하."

고수익에 이어 나대박이 환하게 웃으며 말했다. 노하우는 기뻤다.

"저는 상품판매보다 메이크업과 스스로 하는 화장법을 가르쳐주는 데 더 신경을 쏟고 있습니다. 그런데도 매출은 빠르게 올랐습니다. 이대로라면 조만간 월 1억 원의 수익을 올릴 수 있을 것 같습니다. 모든 게 다 신기루 회장님과 여러분 덕분입니다. 감사합니다."

노하우는 회원들에게 공손히 고개를 숙였다. 회원들이 일제히 환호를 보내며 박수를 쳤다. 분위기는 한껏 달아올랐다. 서로가 서로의 성공을 축복해 주는 모습이 보기 좋았다. 환호와 박수가 끝나기를 기다려 노하우가 말을 이었다.

"6개월 전부터는 한길로 씨와 손잡고 윈윈전략을 펼치고 있습니다. 보시다시피 한길로 씨가 젊은 엄마들한테 인기가 많더라고요. 그래서 한길로 씨에게 맞는 남성 화장품으로 메이크업을 해줬더니 젊은 엄마들이 좋아보였는지 남편에게 주겠다며 같은 상품을 구매하기 시작했습니다. 저는 여러분을 만나고 함께하는 것만으로도 지금까지 충분히 많은 것을 얻었다고 생각합니다."

노하우는 말을 마치고 다시 한 번 회원들에게 인사했다. 회원들이 일제히 박수를 보냈다. 노하우는 자리로 돌아와 앉았다. 회원들은 약속이라도 한 듯 동시에 노하우 바로 뒤에 앉아 있는 최대주를 쳐다보았다. 회원들의 시선이 자신에게로 쏠리자 최대주는 당황했다. 아무리 생각해도 발표한 만한 내용이 떠오르지 않았다. 그렇다고 솔직하게 자신은 크게 달라진 게 없다고 말하기도 껄끄러워 최대주는 공을 옆자리에 앉은 나대박에게 넘겼다.

"저는 좀 더 정리해서 마지막에 발표하도록 하겠습니다. 양해해 주시고, 실례가 안 된다면 나대박 사장님에게 먼저 해줄 것을 부탁드리겠습니다."

"그러지요."

나대박은 순순히 일어섰다. 한길로는 전보다 한결 밝아진 나대박의 얼굴이 보기 좋다는 생각을 했다.

"저는 지금 일명 짬짜면 마케팅을 구사하고 있습니다. 남들과 다르게 하라는 신기루 회장님 말씀에서 얻은 아이디어죠."

"짬짜면 마케팅이라고요?"

최대주가 물었다. 나대박은 씩 웃으며 대답했다.

"제가 붙인 이름입니다. 짬뽕과 짜장면을 놓고 뭘 시킬지 고민하는 사람들을 위해 짬짜면을 만들었듯이 요구와 조건이 다른 고객들을 위해 짬짜면 그릇처럼 부동산을 나눠서 구매를 유도하는 마케팅을 하고 있습니다."

"재미있네요. 어떻게 하는 건지 자세히 좀 알려주실 수 있을까요?"

"저는 찾아오는 고객을 늘리기 위해 무료 부동산 컨설팅 강좌를 열었고, 고객에게 맞춤상품을 제공하기 위해 요구에 따라 고객을 세분화하여 성향별로 분류해 놓았습니다. 빠짐없이 참석해 제 강의를 듣는 분에게는 건물 동행 서비스를 제공했고, 그분들이 불러준다면 언제든지 달려가 조언을 해주었습니다. 그러자 물건을 보러 간 사람들이 최종적으로 판단을 내릴 때는 꼭 저를 불러 제 생각을 묻더군요. 저는 이런 분들을 단골고객으로 분류해서 좋은 물건이 나오면 문자나 카톡으로 알려주고 있습니다. 다층건물이 경매로 나오거나 하면 평소에 관심을 보인 분들을 엮어서 함께 경매에 응할 수 있도록 하고 있습니다. 이를 건물분할 서비스라고 해도 좋겠지만 저는 짬짜면 마케팅이라고 합니다. 이제 초기 단계인데 앞으로 6개월 후면 큰 성과를 얻을 수 있으리라 봅니다."

나대박은 잠시 말을 멈췄다. 회원들은 나대박이 발표를 끝낸 줄 알고 박수와 환호를 보냈다. 그러나 나대박은 박수가 끝나기를 기다려 말을 이었다.

"지금은 고수익 대표님을 벤치마킹해서 새로운 영업을 기획하고 있습니다."

"호호, 저를 벤치마킹하신다고요?"

고수익이 웃으며 물었다. 나대박은 고개를 끄덕이고 말했다.

"고 대표님을 지켜보니 물건을 팔려고 하기보다 고객에게 필요한 서비스를 먼저 제공하고 있더군요. 만들어 파는 음식이 무엇인지에 따라 식당이 그에 맞는 분위기를 갖출 수 있도록 업주에게 인테리어에 대한 조언을 해주고, 인테리어에 어울리는 식자재를 소개하는 모습을 보고 깨달은 바가 있었습니다. 그동안 어떻게든지 가게가 나가기만을 기다리거나 가게가 매물로 나오면 고객에게 소개해 주는 데만 급급했던 저를 고 대표님이 변화시킨 겁니다. 그때부터 고객에게 필요한 상품에 대한 정보를 제공해 주기 시작했지요."

"상품에 대한 정보를 준다고요?"

"네, 그렇습니다. 예를 들어 사무실을 보러 온 고객이 아기자기한 것을 좋아하는 여성 오너라면 그분에게 맞는 인테리어 소품에 대한 정보를 제공하고 있습니다. 권위를 중요시하는 남성 오너라면 사무실에 단을 만들어 그 위에 서서 직원들을 내려다보게 하는 식으로 인테리어 정보를 제공하는 것이죠. 사무실이 작아도 권위를 세울 수 있도록, 1000평 넓이의 사무실을 가진 회장님 부럽지 않은 사무실을 꾸미도록 도와주는 겁니다. 또한 사무실을 구하는 사람들은 사업이 잘되기를 바라는 마음이 있다는 것을 염두에 두고 풍수지리 측면에서 같은 빌딩이어도 몇 층이 좋은지, 집기를 어떻게 사무실에 배치해야 하는지 등에 대한 정보를 제공해 주고 있습니다. 물론 풍수지리에 대해서는 전문가에게 배워 꽤 높은 수준임을 밝힙니다. 실제로 제 조언을 받아들여 성공한 사람들에 대한 스토리를 만들어 가고, 그것을 이용해서 또 새로운 고객을 끌어들이는 시스템을 갖춰 나가고 있습니다. 제 발표는 여기까지입니다."

말을 마친 나대박이 회원들에게 인사를 했다.

"꼭 성공해서 나 사장님만의 성공 스토리를 쓰셨으면 좋겠네요."

한길로가 박수를 치며 덕담을 건넸다. 분위기는 점점 무르익었다. 나대박이 들어가자 단아하고 품위 있는 모습의 고수익이 자리에서 일어났다. 그녀는 강단에 서서 차분히 말했다.

"저는 무엇보다 좋은 사람을 만난 것이 가장 큰 성과라고 생각합니다. 저는 주로 대형식당이나 공공기관에 식자재를 납품하는 영업을 했는데 소개하는 사람이 누구냐에 따라 성과가 큰 차이를 보였습니다. 공개적으로 말하긴 뭐 하지만 납품가를 부풀려서 얻은 차액을 관계자에게 리베이트로 줄 때도 많았죠. 그런데 나 사장님이 소개해 준 분들은 뒷돈을 밝히지 않았습니다. 덕분에 납품가를 부풀리지 않고도 매출을 올릴 수 있어 좋았습니다. 지금은 큰 계획을 세우고 있긴 한데 성공을 자신할 수 없기에 이 자리에서 밝히지는 않겠습니다. 저를 월억회로 이끌어주신 노하우 원장님과 영업에 눈을 뜨게 해주신 신기루 회장님, 그리고 실질적으로 좋은 분을 많이 소개해 줘서 매출을 올릴 수 있도록 해주신 나대박 사장님께 진심으로 감사드립니다. 고맙습니다."

고수익이 고개 숙여 인사했다. 회원들이 힘차게 박수를 쳤다.

최대주는 회원들의 이야기를 들으며 지난 6개월을 돌아보았다. 특별히 발표할 만한 것이 없었다. 그렇다고 다 좋은 이야기만 하는데 혼자 안 좋은 이야기를 할 수는 없었다. 최대주는 고민 끝에 자리에서 일어나 말했다.

"저는 취급하는 상품 특성상 단기간 효과를 보기 어려운 것이 많습니다. 따라서 저는 다음번에 발표하도록 하겠습니다."

회원들은 최대주의 속내를 알아차렸다. 최대주의 말이 끝나자 부담을 주지 않으려고 웃는 얼굴로 박수를 보냈다. 이제 회원들의 시선은 자연스레 막내인 나미래에게 쏠렸다. 나미래가 일어나 뒤통수를 긁적이며 말했다.

"저도 초기 단계라 아직 발표할 게 없습니다. 막내로서 좋은 말씀 많이 해주신 선배님들에게 감사합니다. 이 자리에 있다는 것만으로 만족합니다. 저도 조만간 기획한 것을 실행해서 선배님들처럼 성공 스토리를 발표할 수 있도록 하겠습니다."

"그래요. 우리 중에 가장 성장 가능성이 높은 나미래 씨에게 박수를 보내기로 하죠."

한길로가 말하자 회원들이 환하게 웃으며 힘껏 박수를 쳐주었다.

가랑비에 옷이 젖듯
고객이 우리에게 빠지게 하라

:: 개입상품을 적절히 활용하라

최대주가 찜질방 휴게실로 사람들을 모아 건강식품을 판매하는 것을 보고 어떤 생각이 들었나요? 여러분이 만약 그 자리에 있었다면 최대주가 파는 건강식품을 사지 않았을까요? 이번 기회에 여러분의 업종에서도 최대주가 사용했던 방식을 활용해서 새로운 영업을 기획해 보시기 바랍니다. 확실하게 매출을 일으킬 수 있을 겁니다.

최대주는 처음에는 건강식품 이야기를 전혀 하지 않았습니다. 대신 농협에서 나온 신상품을 홍보하기 위해 경품으로 농협 쌀을 준다고 홍보했지요. 그는 자신의 질문에 대답하는 사람들에게 경품을 주면서 사람들이 적극적으로 호응하도록 분위기를 만들어 나갑니다. 행사에 대한 참여도를 높이기 위해서죠.

최대주가 판매하는 방식은 지금부터 강의하려는 개입상품과 관계가 있습니다. 좀 더 정확한 이해를 위해 다른 예시를 들어보겠습니다.

여름 하면 여러분은 어떤 것이 떠오르십니까? 맛있게 먹었던 아이스크림을 떠올리는 분도 있고, 피서지에서 가족들과 즐거운 휴가를 즐기는 장면을 떠올리는 분도 있을 겁니다. 그런데 여름 하면 빠지지 않고 떠오르는 기억이 있습니다. 바로 '장마'입니다.

해마다 여름이면 찾아오는 장마. 태풍이 온다는 기상예보를 접하면 우리는 어떤 행동을 취하게 될까요?

'곧 태풍이 몰려오니 외출을 삼가자.'

'언제 비가 올지 모르니 꼭 우산을 챙겨 가자.'

많은 사람이 이렇게 생각하며 쏟아질 비에 대비할 것입니다. 비가 올 것을 미리 알고 있으니 우비나 우산을 챙겨 가서 비를 맞지 않도록 할 겁니다. 그러나 예보에도 없는 '보슬비'가 내리면 어떨까요? 비가 오는지 몰랐기 때문에 우비나 우산은 당연히 챙겨 가지 않았습니다. 보슬보슬 내리는 비라 '이 정도는 조금 맞아도 되겠지'라는 생각이 들지도 모릅니다. 하지만 보슬비를 맞고 집에 돌아오면 이상하게 온 몸이 비로 젖어 있습니다. 왜 그럴까요? 대수롭지 않게 생각해서 비를 맞아도 젖는 것을 모른 탓입니다.

이런 현상은 일상에서 얼마든지 찾아볼 수 있습니다. 흔히 한 번 도박이나 경마에 맛들이면 끊기 어렵다는 말을 합니다. 도박이나 경마로 돈을 잃은 사람들이 도박판이나 경마장을 맴도는 이유는 누가 시켜서가 아닙니다. 스스로 한 선택에 미련을 버리지 못했기 때문입니다. 그들은 흔히 이렇게 입버릇처럼 혼잣말을 합니다.

"그때 그런 패를 내지만 않았으면…"

"그때 다른 말을 골랐다면…"

"이제 운이 들어올 때가 되었는데… 조금만 더 해보면 본전을 찾을 수 있을 텐데….'

그러면서 그들은 스스로 했던 과거의 선택과 행위를 정당화합니다. 계속해서 돈을 잃으면서도 '다 그럴 만한 이유가 있었다.'고 스스로를 납득시킵니다. '잃은 돈만 되찾으면 미련 없이 떠난다.'는 말을 수없이 되뇝니다. 그러나 그들에게 도박이나 경마를 하라고 강요한 사람은 아무도 없습니다. 모두 그들 스스로가 선택한 행동입니다.

본 강의에서 배울 '개입상품'은 바로 이처럼 도박판과 경마장에 '개입시켜' 스스로 선택하게 만드는 효과를 갖습니다. 다만 다른 것은 도박이나 경마가 부정적인 요소를 지니고 있다면 영업은 이를 긍정적인 요소로 변환시켰다는 점입니다. 잠재고객이 스스로 영업인이 제시한 로볼 등에 관심을 갖고 유료 세미나에 참석하거나 멘토 포지셔닝에 참여하게 만드는 것입니다.

그런 다음 고객이 원하는 정보를 얻었다고 느끼게 하고 영업인에게 상품과 서비스를 구매하고 결제하게 합니다. 그러면 고객들은 결제가 이루어지는 과정 속에서 자신이 들인 시간과 노력, 비용을 생각하며 구매에 대한 명분과 당위성을 부여합니다. 바로 고객 스스로가 이렇게 생각하게 만드는 것이지요.

'그래. 살 만한 물건을 산 거야.'

긍정적이든 부정적이든 개입은 언제, 어디서나 존재합니다. 불법이라는 것을 뒤늦게 알게 되더라도 불법 피라미드 조직이나 불법 다단계에 한 번 빠진 사람들이 쉽게 벗어나지 못하는 이유가 여기에 있습니다. 그동안 들인 시간과 돈과 정성에 미련을 버리지 못하기 때문이지요. 자신이 들인 노력에 대한 집착이 커서 자신의 행동을 정당화하려고 하는 것입니다.

영업인들에게 "당신은 무엇을 팔고 있습니까?" 물어보면 대부분 회사에서 취급하는 상품을 팔고 있다고 대답합니다. 그렇게 생각하기 때문에 하나의 제품을 선정하고 그에 맞는 고객을 찾기보다는 일단 물건을 살 만한 사람을 찾아놓고 취급하는 많은 상품 중에서 그 사람에게 어울릴 만한 몇 가지를 골라 구매를 제안하는 경향이 있는 것입니다. 물론 이것도 좋은 방법일 수 있지만 고객에게 나 자신이 해당 제품의 전문가라는 인식을 심어주기는 어렵습니다. 해당 제품 하나를 파는 데에서 그칠 수 있고, 경쟁자가 나타나면 금방 고객을 경쟁자에게 빼앗길 수 있습니다.

하지만 상품을 하나로 정해서 그것에 어울리는 포인트와 타깃팅을 선택한 다음, 로볼 테크닉 등을 펼쳐 나간다면 어떻게 될까요? 고객에게 내가 전문가라는 인식을 심어줄 수 있고, 그 어떤 경쟁자가 나타나더라도 고객들이 나에게 상품을 구입해야 하는 이유를 더욱 분명히 할 수 있습니다.

'내가 취급하고 있는 여러 제품 중에서 단 하나의 상품만을 취급해야 한다면 어떤 제품이 가장 나와 잘 맞겠는가?'

주력상품을 설정할 때는 먼저 이런 질문을 스스로에게 던져봐야 합니다. 이어 경쟁력이 있는지, 수익성은 좋은지, 고객에게 내가 전문가라는 인식을 심어줄 수 있는지 등을 꼼꼼하게 분석해 보고 결정하면 됩니다.

그런 다음 개입상품을 활용해야 합니다.

이제부터 개입상품에 대해 알아보겠습니다.

첫 번째 예시입니다. 친구와 만나기로 한 시간에 맞춰 약속장소에 가기 위해 집을 나섰습니다. 집 근처 버스 정류장에서 버스를 타면 약속장소까지 10분이면 도착합니다. 당신은 약속시간에 늦지 않기 위해 15분 일찍 나왔습니다. 하지만 그날따라 좀처럼 버스가 오지를 않습니다. 일찍 나온 이유는 버스가 간혹 늦게 온다는 사실을 잘 알고 있기 때문입니다. 그런데 시간이 흘러 기다린 지 20분이나 지났습니다.

이럴 때 여러분이라면 어떻게 행동하겠습니까? 기다리던 버스를 계속 기다리나요? 아니면 약속시간에 늦을 것 같아서 택시를 잡아타나요? 재밌게도 상당수의 사람이 버스가 곧 올 것만 같아서 택시가 지나가는 데도 잡아타지 않고 '조금만 더' 기다리다 결국 약속시간에 늦는다고 합니다.

두 번째 예시입니다. 중요한 약속이라 절대로 늦어서는 안 되는 상황입니다. 때문에 일찍 준비해서 집을 나왔지만 버스는 오지 않고 약속시간은 15분밖에 남지 않았습니다. 버스로 10분 거리인데 2분이 지나고 5분이 지났습니다.

여러분이라면 어떻게 하겠습니까? 상당수의 사람은 더 기다리지 않고 택시를 탄다고 합니다. 절대로 늦어서는 안 되는 상황임을 알고 있기 때문입니다.

두 예는 상황이 비슷합니다. 약속장소까지 버스로 걸리는 시간이 똑같이 10분이고, 약속시간까지 10분밖에 남지 않았다는 것도 같습니다. 그런데 첫 번째 예시에서는 이미 기다렸던 것에 미련을 못 버리고 '금방 올 거야. 조금만 더 기다려보자'며 버스가 오기를 기다리지만 두 번째 예시에서는 '늦으면 안 된다.'는 절박감에 별 고민 없이 택시를 잡아타는 것이지요.

이런 현상은 회계학 용어인 '매몰비용Sunken Cost'으로 설명할 수 있습니다. 자신이 들였던 시간, 돈, 노력 등에 대한 집착이 헛수고가 되는 것이 바로 '매몰비용'입니다.

심길후식 영업 프로세스에서 잠재고객에 대한 로볼과 더불어 '개입상품'이 매우 중요한 비중을 차지하고 있는 이유가 바로 여기 있습니다. 사람은 본인 스스로 선택한 것을 중요하게 생각해서 그 선택에 강하게 집착한다는 것이지요. 바로 이런 심리를 활용한 것이 '개입상품'입니다.

'개입상품'은 제가 만든 용어라 저 외에는 누구도 제대로 설명할 수 없습니다. 그러니 제 설명을 잘 들어야 합니다. 집중해서 들으면 금방 이해할 수 있을 겁니다.

약속시간에 늦지 않기 위해 일찍 집을 나와 정류장에서 버스를 기다리던 사람이 버스가 20분 넘게 오지 않아도 기다린 시간이 아까워 지나가는 택시를 잡아타지 않는 것은 버스를 기다렸던 상황이 개입됐기 때문입니다. 이성적으로 한 발 떨어져서 바라보면 다른 판단을 내릴 수도 있지만 한 번 주어진 상황에 집중하게 되면 계속 같은 방향으로 판단하고 행동하게 되는 심리가 작용한 것입니다.

영업을 시작했다면 고객에게 무언가를 팔아야 합니다. 고객이 우리의 상품이나 서비스를 반드시 구매하도록 해야 합니다. 고객이 당신을 찾아왔다고 가정해 봅시다. 고객은 구매를 결정하거나 구매할 시기가 됐습니다. 이때 당신은 고객이 어떤 행동을 하길 바라겠습니까?

무엇을 바랄 게 아니라 다른 사람이 아니라 바로 당신에게 구매하겠다는 결심을 하도록 고객을 이끌어야 합니다. 당신이 고객으로 하여금 구매라는 행동을 할 수 있는 상품을 갖추고 있다면 더욱 쉽게 구매를 유도할 수 있겠지요.

그것이 바로 '개입상품'입니다. 다시 말해 개입상품을 통해 고객이 당신을 만나기까지 돈이든 시간이든 혹은 노력이든 무엇이라도 투자하게 만드는 것입니다. 고객 입장에서는 이미 투자한 것에 대해 집착, 즉 기회비용이 발생하는 셈이지요.

기회비용이 발생하면 고객은 당신에게 구매한 것에 대해 이렇게 생각할 겁니다.

'이 사람에게 구매하는 것은 타당해. 그동안 들인 노력도 있고, 전문가임을 확신했으니까.'

이쯤 되면 영업을 하는 내가 '을(乙)'로서 '갑(甲)'에게 끌려 다니는 것이 아니라 오히려 '갑(甲)'의 위치에서 고객이 찾아오도록 만드는 놀라운 상황이 펼쳐집니다. 고객들이 당신이 미리 설계해 놓은 영업 프로세스에 맞게 스스로 개입되었기 때문입니다.

질문을 하나 해보겠습니다. 여러분이 만약 애견 훈련사라면 어떤 프로세스를 통해서 고객을 발굴하겠습니까? 당연히 타깃팅을 먼저 해야겠지요?

여러분이 화이트 포메라니안처럼 털 관리를 필수적으로 잘하지 않으면 안 되는 견종을 전문적으로 훈련시키는 사람이라고 합시다. 그렇다면 털 관리에 대한 정보를 로볼로 활용할 수 있겠지요? 털 관리에 대한 정보집이나 동영상을 만들어서 잠재고객에게 나누어주는 것이지요. 이런 로볼을 통해 털 관리가 필요한 견주들, 즉 타깃팅 고객들의 DB를 확보할 수 있습니다.

각종 로볼을 사용하여 견주들의 DB를 모아놓았다면, 이것을 바탕으로 주력상품의 구매를 유도하기 위해 어떤 개입상품을 만들어 판매할 수 있을까요?

개를 좋아하는 저는 애견 훈련에도 관심이 많아 골든리트리버를 입양했습니다. 그때 '이 개를 어떻게 훈련시켜야 할까?' 하는 고민이 생겼습니다. 저는 이런 생각을 해봤습니다.

'애견을 훈련소에 입소시키기 전에 훈련 적성을 평가하는 테스트를 실시하면 어떨까? 이 테스트를 개입상품으로 삼아 1시간에 10만 원 정도 받고 테스트를 진행하면서 간단한 훈련도 시키고, 견주도 교육시키는 것이다. 테스트 결과 기준점 이상의 점수가 나오지 않으면 훈련소에 입소시키지 못하게 하자.

내 애견이 간신히 테스트를 통과해서 훈련소에 들어갈 수 있는 자격이 생겼다면 훈련을 맡기고 싶지 않을까? 다른 곳에서는 애견을 훈련시키는데 드는 비용이 월 40만 원인데 이곳에서는 10만 원을 더 받아서 50만 원을 내야 한다고 해도 웬만하면 이곳에서 훈련시키고 싶지 않을까?

월 50만 원의 비용이 드는 훈련상품을 파는 것보다는 10만 원짜리 애견 테스트 및 견주 교육상품을 판매하기가 훨씬 쉬울 것이다. 이 개입상품을 구매한 사람들은 보상심리, 본전심보에 의해서 큰 이변이 없는 한 주력상품, 즉 훈련상품을 구매할 수밖에 없을 것이다. 이렇게 하면 얼마나 효율적으로 영업을 할 수 있겠는가?'

지금까지는 개입상품과 개입의 개념을 정확하게 이해할 수 있도록 말씀드렸습니다. 또한 예시를 통해 개입상품을 구매한 고객을 어떠한 방식으로 주력상품까지 구매할 수 있도록 연결할 수 있는지도 알려드렸습니다.

이제 여러분 차례입니다. 여러분은 어떤 개입상품을 생각해 내셨나요? 여러분의 주력상품과 개입상품을 정하고, 개입상품을 만난 여러분의 고객이 스스로 개입될 수 있게 아래 질문에 대해 직접 답을 적어보면서 개입상품을 만들어보시기 바랍니다.

참고로 포인트에 멘토 포지셔닝까지 버무린다면 더 큰 개입을 만들 수 있습니다. 멘토 포지셔닝에 대해서는 다음 강의에서 자세히 설명하겠습니다.

첫째, 타깃 고객이 주력상품과 관련하여 우리에게 시간을 들이게 할 방법은 무엇이 있는가?

-
-
-

둘째, 타깃 고객이 주력상품과 관련하여 우리에게 노력을 들이게 할 방법은 무엇이 있는가?

-
-
-

셋째, 타깃 고객이 주력상품과 관련하여 우리에게 비용을 들이게 할 방법은 무엇이 있는가?

-
-
-

PART 6

영업을 일상으로 즐겨라

그래, 어차피 돈을 벌어 행복하게 살기 위해서 영업을 하는 것 아닌가? 그러니 이제부터 행복을 느낄 수 있는 일을 해보는 것이 어떻겠는가? 나대박과 고수익처럼 믿을 만한 사람들과 함께하면 그 어떤 일도 즐겁게 해낼 수 있지 않겠는가?

영업을
일상으로 즐겨라

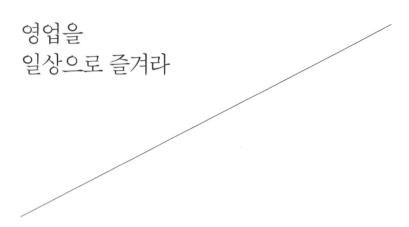

갑자기 사무실 문이 열리더니 우락부락한 중년 남자가 들어와 소리 쳤다.

"대표가 누구야? 대표 나와!"

"왜 그러시죠?"

최대주의 동업자가 얼른 일어나 사내 곁으로 갔다.

"당신이 대표야?"

"대표는 아니지만 무슨 일로…."

"이거 당신이 판 거야?"

사내는 다짜고짜 책상 위에 상품 꾸러미를 던졌다. 순간 포장지가 뜯 겨 건강식품이 쏟아져 나왔다. 이런 일을 한두 번 겪어 본 게 아니라 동업자는 눈 하나 깜빡하지 않았다.

"예, 제가 판 건데 무슨 문제가 있나요?"

"아버님이 이걸 드시고 혈압이 올라 고통스러워하고 계셔. 어떻게 책임질 거야?"

"그럴 리가요. 이 건강식품은 부작용이 없거든요. 화부터 내지 마시고 차분히 이야기해 보시죠."

"지금 화 안 내게 생겼어? 그동안 전화로 얼마나 좋게 말했어? 당장 반품해 줘!"

"원칙적으로 반품은 안 됩니다. 더군다나 지금까지 꽤 많이 드셨네요."

동업자는 건강식품 개수를 헤아리며 말했다.

"당신들 정말 이럴 거야? 이걸 먹고 아버님이 병원에 실려 가실 뻔했다고!"

사내의 목소리는 갈수록 높아졌다. 최대주는 이쯤에서 자신이 나서야 한다는 걸 잘 알고 있었다. 이런 사람에게 반품을 쉽게 해주면 피해 보상 얘기까지 나올 수 있었다. 원칙적으로 반품이 안 된다는 사실을 주지시키고, 한창 화를 내고 있을 때 대표라며 나서서 직원은 하지 못하는 일을 대표 직권으로 해주는 것처럼 반품을 해주겠다고 하면 그걸로 끝나는 경우가 대부분이었다.

"김 부장, 뭣 때문에 이렇게 시끄러운가?"

최대주는 동업자를 부하 직원인 양 바라보며 물었다.

"사장님, 글쎄 이분이 상품엔 큰 문제가 없는데…."

"당신이 사장이야?"

사내의 시선이 최대주에게로 향했다.

"예, 그런데요."

"이거 어떻게 할 거야? 부작용이 생겼으면 반품해 줘야 할 거 아냐?"

"김 부장, 듣고 보니 사정이 딱한데 반품해 주지 그래?"

"사장님, 이 제품은 원칙적으로 반품이 불가능합니다. 부작용이 없는 건데 이 제품을 먹고 이분 아버님 혈압이 올랐다는 것은 말이 안 되거든요."

"고객 말씀을 믿어야지. 어서 반품해 주게."

최대주는 무게 있게 말했다. 물론 각본대로 하는 말이었다. 이쯤 되면 상대는 뭔가 혜택을 입은 느낌을 받게 마련이었다. 상품에 하자가 없었다면 서비스 확실한 판매자가 되는 것이고, 상품에 하자가 있었더라도 사후 서비스를 잘해 주는 판매자가 되는 것이었다. 이런 경우 고객은 더 따지고 싶은 마음이 있어도 판매자가 반품을 받아주는 선에서 만족하곤 했다. 중년의 남자 역시 직원 역할을 한 최대주의 동업자가 현금으로 건네는 제품 값을 받고 두 말 없이 사무실을 나갔다.

"역시 우린 환상의 짝꿍이야. 그렇지?"

최대주의 동업자가 시끄러워질 수 있는 일을 잘 마무리한 것에 만족한 듯 씩 웃어보였다. 동업자임에도 두 사람이 대외적으로 서로를 사장님, 김 부장으로 부르기로 한 이유가 여기 있었다.

"그런데 정말 제품에 문제가 있는 건 아니겠지?"

최대주는 혹시 하는 생각이 들어 물었다.

"글쎄, 좀 더 지켜봐야겠지만 아직까지 다른 고객이 불만이 제기하지 않는 걸 보면 별 문제 없을 거야."

"부작용이 없는 제품인데 이런 일이 생길 수 있나?"

"식품이 다 그렇지, 뭐. 간혹 특이 체질을 가진 사람이 있을 수 있잖아. 현실적으로 어쩔 수 없는 부분이니까 지금처럼 대처할 수밖에 없어."

최대주는 지금까지 자신이 잘하고 있는 줄 알았다. 최대한 양심적으로 제품을 팔자는 것이 그와 동업자의 신조였다. 그들이 여태껏 똑같은 건강식품을 취급하는 경쟁업체들보다 월등히 높은 매출을 올려 온 것도 치밀한 전략과 고객의 입장을 고려한, 이른바 고객 맞춤 서비스를 제공해 왔기 때문이었다.

그런데 어느 순간부터 상품 하나 팔고 못 팔고에 기분이 좋아졌다 나빠졌다 하는 자신을 발견하고는 씁쓸함을 느꼈다. 신기루 회장과 월억회 회원들을 떠올릴 때마다 질투심이랄까 시기심이랄까 묘한 감정이 일었다. 신 회장을 제외한 나머지 회원들은 분명 처음에는 자기보다 하수라고 여겨졌던 사람들이었다.

그러나 하루가 다르게 성장하는 회원들의 모습이 최대주에게 위기의식을 불어넣어주었다. 돈을 벌기 위해서는 여전히 자신이 직접 뛰어야 했지만 그들은 한 식구처럼 서로 도와 가며 자신이 직접 뛰지 않아도 되는, 다단계같이 매출을 올리는 시스템을 갖춰 나가고 있었다.

최대주는 지금처럼 해서는 그들과의 격차가 점점 더 벌어질 것이고, 결국에는 그들을 따라잡을 수 없을지도 모른다는 생각을 했다. 더군다나 건강식품은 특성상 문제가 생기면 한순간에 무너질 위험이 있었다. 모 제품에서 쇳가루가 검출되었다는 한 언론의 허위 보도로 해당 제품을 만든 회사가 도산하는 일도 있었다.

그뿐만이 아니었다. 매장에 들러 사려는 상품을 살펴보고 정작 구매는 매장보다 저렴하게 파는 인터넷 쇼핑몰에서 하는 사람이 갈수록 늘어나는 추세라는 것도 최대주에게 위기의식을 불어넣었다.

최대주는 이대로 가다간 결국 영업의 세계에서 밀려나고 말 것 같다는 생각을 했다. 뭔가 돌파구를 찾아야 했다. 도움을 청할 사람은 있었다. 신기루 회장. 하지만 도와 달라는 말을 하려니 왠지 자존심이 상했다.

'지금 자존심이 문제냐? 더 늦기 전에 새로운 방법을 찾아야 하지 않겠어?'

최대주는 이런저런 생각 끝에 결단을 내리고 신 회장에게 전화를 걸어 면담을 요청했다. 신 회장은 귀찮은 기색 없이 밝은 목소리로 내일 오후 5시에 회장실에서 보자고 했다.

최대주는 다음 날 약속 시간에 맞춰 영업인협회로 신 회장을 찾아갔다. 신 회장은 회장실에서 최대주를 기다리고 있었다. 두 사람은 악수를 나누고 자리에 앉았다.

"안색이 좋지 않으십니다. 무슨 일 있으신가요?"

신 회장은 우려낸 차를 최대주와 자신의 찻잔에 따르며 물었다.

"다들 변화하는 시대에 발 맞춰 새로운 영업을 시도하고 있는데 저만 제자리에서 맴돌고 있다는 생각, 이러다가는 곧 뒤처지고 말 거라는 생각을 버릴 수가 없습니다. 어떻게 하면 좋을까요?"

"그러셨군요. 건강식품 영업을 하시게 된 특별한 계기가 있나요?"

"저는 간이 안 좋아서 고생을 많이 했습니다. 선천적으로 간에 문제가 있다더군요. 간에 좋다는 약은 다 찾아서 먹어봤지만 별 효과를 보지 못했죠. 어차피 이렇게 살다 죽을 운명인가 싶어서 포기하던 차에 우연히 지금 제가 판매하고 있는 건강식품을 알게 되었습니다. 이번이 마지막이라는 생각에 제품을 구입해서 먹기 시작했는데 거짓말처럼 간이 좋아졌습니다. 그때부터 건강식품 영업에 뛰어들었죠. 저처럼 간이 나빠 고생하는 분들에게 제 경험담을 들려주면서 팔기 시작했어요. 저에게 제품을 구매한 분들이 저 덕분에 간이 많이 좋아졌다며 고맙다는 인사를 할 때는 뿌듯하더군요. 하지만 시중에 비슷한 건강식품이 워낙 많이 나와 있는 데다 인터넷 쇼핑몰마저 갈수록 늘어나는 걸 보니 뭔가 불안해지고 조바심이 나기 시작했어요."

"같은 제품을 더 싸게 파는 곳이 있다면 그 제품을 필요로 하는 사람들은 그곳에서 사겠지요. 그곳이 바로 인터넷 쇼핑몰이겠고요. 그들과의 경쟁은 쉽지 않겠죠. 그런데 저는 굳이 그들과 경쟁하는 것보다는 그들이 하지 못하는 것을 고객에게 해줘야 한다고 생각합니다."

"네? 무슨 말씀이신지?"

"최 대표님만이 할 수 있는 고객만족 서비스를 하시라는 겁니다. 그것도 인터넷 쇼핑몰보다 비싼 가격으로 팔면서 고객을 만족시킬 수 있는 서비스를요."

"과연 그런 게 있을지…."

"지금부터 생각해 보셔야죠. 예를 들어 건강식품에 어울리는 나만의 건강법을 만들어보는 것은 어떨까요. 마사지도 좋고, 호흡법도 좋고, 단전호흡이나 물 마시는 법도 좋습니다. 어쨌든 사람들이 최 대표님이 판매하는 건강식품을 먹으며 최 대표님이 알려주는 건강법을 따라하면 최고의 효과를 얻을 수 있는 방법을 만들어 가는 겁니다. 나만의 건강법을 한길로 씨처럼 건강 관련 인터넷 카페에 올린다거나 그걸 주제로 강좌를 여는 것도 좋겠지요. 참, 최 대표님. 간이 나빠 고생하셨다고 했죠?"

"예."

"그럼 간 건강에 관련된 글을 써보면 어떨까요? 대표님의 경험을 바탕으로 스토리를 만들어보는 겁니다. 나는 언제 어디서 태어났고, 간이 안 좋아서 고생했다. 그런데 어찌어찌 했더니 간이 다 나았다. 이제 나의 경험을 알려 간이 안 좋아 고통받는 사람들이 없도록 하겠다는 식으로요. 대표님 어렸을 때 사진과 아팠을 때 사진, 건강식품을 먹으면서 차츰 좋아지는 과정을 알 수 있는 사진, 완전히 건강해졌을 때의 사진 등을 글과 같이 올려도 좋겠지요."

"영업을 영업으로 하지 말고 일상으로 하라는 말씀이시군요."

최대주는 일전에 신 회장이 했던 말을 떠올렸다. 영업을 영업으로 하면 하수요, 영업을 일상으로 누리면 고수다.

"최 대표님은 삶 자체가 곧 건강식품 영업 아닌가요? 실제로 자신이 복용해서 좋아진 경험담이 있잖아요. 그것을 일상으로 풀어서 감성 마케팅으로 고객에게 다가가 보세요."

"아, 네!"

최대주는 나지막이 탄성을 내뱉었다.

간 건강과 관련한 나만의 스토리를 만들어보라?

최대주는 고개를 끄덕였다. 실제로 경험한 일이었다. 간 건강카페를 만들어 간이 나빠 고생했던 일, 간을 치료하기 위해 애썼던 일, 마지막이라 여기고 반신반의하며 먹었던 건강식품 덕분에 간이 점차 좋아졌을 때의 심정, 간이 다 나았을 때의 기쁨 등을 솔직히 써서 올리고, 간을 좋아지게 한 식품의 장점과 복용법 등을 거짓 없이 알려준다면 충분히 공감을 불러일으킬 수 있으리라는 생각이 들었다. 그 글을 읽은 사람들은 자신을 신뢰할 거라는 생각도 들었다.

순간 한길로의 얼굴이 떠올랐다. 한길로는 글 쓰는 법을 가르쳐 달라고 하면 흔쾌히 응할 친구였다. 좋은 사람들이 곁에 있다는 것은 행복한 일이었다.

일주일이 빠르게 지나갔다. 최대주는 오전에 김 부장과 함께 흰 가운과 전단지, 탁자와 의자 몇 개, 천막, 플랫카드 등을 트럭에 싣고 00병원으로 향했다. 매달 25일이면 가는 곳이었다. 두 사람은 병원 앞에 트럭

을 세우고 싣고 온 것들을 내렸다. 탁자와 천막을 펼치고 의자를 탁자 앞
뒤에 가져다놓고 플랫카드를 천막 윗부분에 걸었다. 전단지를 탁자 옆
으로 옮기고 흰 가운을 걸쳤다.

"안녕하세요, 최 대표님."

"수고 많으십니다."

그때 고수익과 나대박이 최대주에게 다가와 말을 걸었다.

"오셨어요."

최대주는 두 사람을 반갑게 맞이했다. 그에게 만나자는 전화를 건 사
람은 고수익이었다. 어제 저녁이었다. 김 부장과 사무실에서 밥을 시켜
먹으며 오늘 병원에 오는 것에 대해 의논하고 있던 차에 전화가 걸려왔
다. 고수익은 내일 나대박 사장님과 함께 최 대표님을 찾아뵈려고 하는
데 시간 괜찮냐고 물었다. 최대주는 내일 아침부터 00병원 앞에 있을 예
정이니 편한 시간에 찾아오라고 말했다.

"병원 진단표와 최 대표님이 판매하시는 상품을 연계한 마케팅을 하
고 계신 모양이네요. 그렇죠?"

고수익이 플랫카드를 보고 물었다. 플랫카드에는 다음과 같은 문구
가 적혀 있었다.

" 병원에서 검진표를 가져오시는 분에게 사은품을 드립니다.
간 검진표를 가져오시는 분에게는 30% 할인상품권을 드립니다."

"네 맞습니다. 그런데 어쩌죠? 앉을 자리도 마땅치 않고… 생각보다 일찍 오셨네요."

최대주는 미안한 표정으로 두 사람을 쳐다보았다.

"아니에요. 저흰 신경 쓰지 마세요. 대표님이 어떻게 영업하시나 궁금했거든요. 없는 사람 치시고 일 보세요."

고수익이 시원시원하게 말했다.

"건강식품은 판매할 때 제약이 많습니다. 약품이 아니어서 어디에 좋다는 표현은 할 수가 없어요. 그래서 고객에게 조금이라도 신뢰를 주기 위해 병원 앞으로 온 것이고, 의사처럼 흰 가운을 걸친 겁니다. 아, 참."

최대주는 탁자 쪽으로 가더니 옆에 놓인 전단지 두 장을 집어 들고 와서 고수익과 나대박에게 한 장씩 주었다.

"전단지에 적힌 건강관리법은 제가 실제 경험을 바탕으로 쓴 겁니다. 가져가셔서 한번 읽어보세요. 이번에는 특별히 간 건강에 초점을 맞췄거든요. 주위에 간이 나빠 고생하시는 분들에게도 알려주시고요."

"네, 대표님."

고수익은 삐죽 새어 나오는 웃음을 참지 못했다. 최대주는 영업이 일상이 된 듯했다. 타고난 영업인이라는 생각이 들었다.

"점심시간이 얼마 안 남았네요. 두 분 여기서 조금만 기다려주세요. 전 잠깐 일 좀 보고 올게요."

최대주는 시계를 보더니 두 사람에게 말하고 김 부장에게로 갔다.

고수익은 전단지를 들여다봤다. 간 검진표를 가져오는 분들에게는 특별할인권을 준다는 문구가 눈에 띄었다. 최대주는 간 때문에 고생하는 사람들을 타깃팅으로 설정해서 거기에 맞는 마케팅 전략을 쓰기 시작한 듯했다.

"기다리게 해서 죄송합니다."

잠시 후 최대주가 고수익과 나대박에게 되돌아왔다.

"식사하러 가시죠."

최대주가 앞장섰고, 고수익과 나대박이 뒤를 따랐다. 최대주가 두 사람을 데려간 곳은 근처 중식당이었다. 고수익은 식당으로 들어서며 자신이 중식당과 인연이 있나, 하는 생각을했다. 나대박이 처음 소개해 준 분도 중식당 사장님이었던 것이다.

종업원이 세 사람을 조용한 자리로 안내했다. 최대주는 모두 자리를 잡고 앉자 고수익과 나대박에게 말했다.

"뭔가 중요한 얘기가 있으신 모양인데 천천히 음식 먹으면서 대화 나누시죠. 오늘은 제가 대접하겠습니다."

최대주는 옆에 서서 기다리고 있는 종업원에게 코스 요리를 주문했다. 주문을 받은 종업원이 카운터 쪽으로 걸어갔다.

"진단표만 가져오면 사은품을 주시는 건가요?"

고수익이 최대주를 보며 궁금한 점을 물었다.

"네. 사은품을 건네고 건강과 관련한 좋은 정보를 지속적으로 보내주겠다며 명함 상자에 명함을 넣어 달라거나 방명록에 주소와 연락처를 남겨 달라고 하죠."

"그렇게 고객DB를 얻으시는군요."

"그런데 요즘은 개인정보를 잘 안 알려주려고 해요. 카드사에서 개인정보를 대량으로 유출한 사건으로 온 나라가 떠들썩했던 적이 있잖아요. 실제로 수십만 명이 금융피해를 입었다고 하고요. 그 영향 때문이죠, 저도 알고 있습니다. 하지만 제 입장에서는 개인정보는 알려주지 않고 사은품만 받아가는 사람을 보면 얄밉죠. 그래도 어쩌겠어요. 약속했으니 줘야죠."

"세상에 쉬운 일은 없는 것 같아요."

고수익이 말했다.

"특히 돈 버는 일은 더 어렵죠."

나대박이 추임새를 넣듯 덧붙였다. 이윽고 요리가 나오기 시작했다.

"드시죠. 이 집 음식 맛있습니다."

"네. 감사히 잘 먹겠습니다."

고수익과 나대박은 거의 동시에 말하고 젓가락을 들었다. 세 사람은 잠시 먹는 데에만 열중했다.

"하실 얘기 있으시면 하시죠."

최대주가 조용히 음식만 먹는 두 사람에게 말했다.

"최 대표님, 실은 우리가 좋은 일 한번 하려고 하는데 도와주실 수 있는지 여쭤보러 왔어요."

고수익이 본론을 꺼냈다. 돌려 말하는 것은 성격에 맞지 않았다.

"좋은 일이요? 제가 도움을 줄 수 있는 일인가요?"

최대주가 의아한 얼굴로 물었다.

"예, 최 대표님만이 도와줄 수 있는 일입니다."

고수익이 망설임 없이 대답했다.

"맞아요. 최 대표님이 도와주면 그야말로 날개를 다는 셈입니다."

나대박이 기다렸다는 듯 거들었다.

"우리도 코스 요리처럼 하나로 엮이며 좋지 않을까요? 저희가 얼마 전에 완공된 00노인복지회관 개원식 때 노인 분들을 위해 잔치를 벌이기로 했습니다. 저희로서는 처음 해보는 큰 행사라 여기저기 도움을 구하고 있습니다. 그러다 최 대표님이 건강식품을 판매한다는 것이 생각나서 뵙자고 했습니다."

"건강식품을 찬조하라는 말씀인가요?"

"아닙니다. 사은품을 구매할 돈 정도는 저희에게도 있습니다. 사은품은 저희가 준비할 테니 최 대표님은 노인 분들을 위해 그분들 건강관리를 지속적으로 해주셨으면 하는 거죠. 더군다나 최 대표님은 말씀을 워낙 잘하시니까 노인 분들이 참 좋아할 것 같아서요."

최대주는 두 사람이 찾아온 의도를 알 수 있었다. 고마운 제안이었다. 그래도 한 가지 확인하고 싶은 게 있어 물었다.

"이번 행사에 월억회 회원 모두가 참여하는 건가요?"

"그건 아닙니다."

"신 회장님은요?"

"신 회장님은 저희가 이번 행사를 계획하고 있다는 것도 모릅니다."

"모두 스스로 알아서 움직이고 있다…."

최대주는 혼잣말하듯 중얼거렸다.

"새로운 영업에 눈이 뜨이자 사람이 보이기 시작했습니다. 좋은 일을 하면 저절로 내 곁에 사람이 모이고, 그러다 보니 돈도 저절로 들어오더군요. 부동산을 하는 저나 식자재 영업을 하는 수익 씨나 다르지 않았습니다. 사람이 모이니까 자연히 고객이 생기고 계약이 이루어졌습니다."

나대박이 진지하게 말했다. 최대주는 묵묵히 고개를 끄덕였다. 최대주도 월억회 회원들의 움직임을 보고 혼자서는 할 수 있는 일이 많지 않다는 것을 알았다. 뜻을 같이하는 사람들과 손을 잡고 함께 일을 해 나갔을 때 얻어지는 효과나 성과가 혼자 일을 할 때보다 훨씬 크다는 것도 알았다. 때문에 월억회 회원들과 친해지기 위해 그들을 한 사람 한 사람 찾아가 만나 허심탄회하게 대화를 나눌 생각을 하고 있던 차였다. 그런데 고수익과 나대박이 자신을 먼저 찾아온 것이었다.

"두 분, 바쁘실 텐데 이렇게 찾아와주셔서, 좋은 제안 해주셔서 정말 감사합니다."

최대주는 진심으로 말했다.

"그럼 저희 제안 받아들이시는 건가요?"

고수익이 눈을 반짝이며 물었다.

"네. 기꺼이."

최대주는 미소를 머금고 말했다. 그때 종업원이 다가와 빈 요리 접시를 치우며 식사는 짜장면으로 할 건지 짬뽕으로 할 건지 물었다. 세 사람은 동시에 서로를 쳐다보았다. 모두 웃는 얼굴이었다. 다 같은 생각을 하고 있는 것이 분명했다.

"짬짜면 마케팅이 생각나는군요."

최대박이 먼저 말문을 열었다.

"기억하시네요. 덕분에 저는 완전히 날개를 달았습니다."

"저도 마찬가지예요. 나 사장님을 만나지 않았다면 지금처럼 사업을 확장할 수 없었을 거예요. 고맙습니다, 나 사장님."

고수익이 나대박에게 고개를 숙여보였다. 실제로 고수익은 나대박의 소개로 거래처를 늘려 나갈 수 있었다.

"왜 이러세요. 오히려 제가 감사하죠. 고 대표님 아니었으면 짬짜면 마케팅은 생각지도 못했을 거예요."

나대박이 손을 휘휘 내저었다. 최대박은 서로에게 진심으로 감사함을 느끼는 두 사람의 모습에 마음이 푸근해졌다. 문득 영업을 단순히 돈벌이 수단으로만 여기지 말고 더불어 사는 세상에서 영업 자체를 아름다운 일로 만들어 가라는 신기루 회장의 말이 떠올랐다.

최대주는 생각했다.

그래, 어차피 돈을 벌어 행복하게 살기 위해서 영업을 하는 것 아닌가? 그러니 이제부터 행복을 느낄 수 있는 일을 해보는 것이 어떻겠는가? 나대박과 고수익처럼 믿을 만한 사람들과 함께하면 그 어떤 일도 즐겁게 해낼 수 있지 않겠는가?

최고에게만 찾아가고픈
인간의 심리를 활용하라

:: 멘토 포지셔닝을 구축하라

　최대주는 승승장구하는 월억회 회원들을 보면서 자기만 혼자 뒤처지고 있다는 생각에 위기의식을 느껴 신기루 회장과 일대일 상담을 합니다. 그리고 신 회장의 조언에 따라 자신만이 할 수 있는 이야기나 전달할 수 있는 노하우를 바탕으로 고객들의 신뢰를 얻는 마케팅 전략을 세우고 실행해 나가기 시작하죠. 회원들과 함께하고 싶은 마음에 고수익과 나대박이 찾아와 노인 분들의 건강관리를 부탁하자 흔쾌히 수락합니다. 그는 영업을 일상으로, 영업 자체를 아름다운 일로 만들어 가고 싶어 합니다.

　이제 영업적인 측면에서 최대주에게 필요한 것은 뭘까요?

　바로 멘토 포지셔닝입니다. 고객과 영업인과의 관계에서 영업인들이 어떤 위치에 있어야 고객이 더 쉽게 상품을 구매할 수 있는가, 하는 점에 중점을 두고 만든 개념이지요. 고객의 마음에 자신을 어떻게 포지셔닝 하느냐에 따라 고객이 우리를 대하는 태도나 구매 성사율이 달라지기 마련입니다.

먼저 멘토 포지셔닝을 위해 다음 빈칸을 채워보시기 바랍니다.

나는 누구인가? 고객에게 어떻게 인식되어야 하는가?
잠재고객들이 나를 떠올릴 때 어떤 사람으로 떠올려야 하겠는가?

예) 나는 세일즈 멘토 신기루다

나는 아들 키우는 엄마들의 리더 한길로다

나는 화장법의 달인 노하우다

(나는 _____ 000 이다)

멘토 포지셔닝을 제대로 이해하려면 먼저 '멘토Mentor'부터 이해해야 합니다. 멘토의 유래는 다음과 같습니다.

그리스 서쪽에 있는 이타케 섬의 국왕 오디세우스는 트로이의 왕자에게 아내를 납치당한 스파르타의 왕 메넬라우스의 강요에 의해 어쩔 수 없이 트로이전쟁에 참가했습니다. 오디세우스는 고국을 떠나기 전에 자신이 가장 믿는 친구 멘토르Mentor에게 늦둥이 어린 아들 텔레마코스의 교육과 후원을 부탁했습니다. 왕자 텔레마코스가 제대로 된 교육을 받아 강인하고 지혜로운 지도자로 자라기를 바랐기 때문이죠.

오랜 친구의 부탁을 받은 멘토르는 트로이전쟁에 출전한 오디세우스가 20년이 넘도록 돌아오지 않는 동안 텔레마코스를 극진히 돌보며 가르쳤습니다. 아버지 역할을 대신하면서 때로는 친구가, 때로는 선생님이, 때로는 상담자가 되어주었죠. 덕분에 오디세우스가 돌아왔을 때 텔레마코스는 훌륭한 청년으로 성장해 있었습니다.

'현명하고 믿을 수 있는 조언자' 또는 '지도자'나 '스승'을 뜻하는 멘토는 바로 오디세우스가 자식을 맡긴 친구의 이름 멘토르에서 나온 말입니다. 현재는 스승을 멘토로, 멘토에게 지도와 조언을 받는 사람을 '멘티mentee'라고 부르고 있죠.

멘토는 심길후식 영업 개척비법을 배우고 익히려는 영업인에게 매우 중요한 의미가 있습니다. 제가 늘 강조하는 갑이 되는 영업을 하기 위해서 필수적으로 갖추어야 할 조건이 바로 멘토이기 때문입니다. 다시 말해 한 번만 사달라고 구걸하는 영업, 지인들을 찾아가 그들에게 필요 없는 것을 억지로 떠넘기려는 민폐를 끼치는 영업이 아니라 멘토처럼 존경받는 영업인이 되어 고객에게 꼭 필요한 상품을 제공해 주는 영업을 하자는 것입니다.

이제 우리 영업인은 고객이 고민하는 문제를 해결해 주는 멘토의 위치에 서야 합니다. 고객이 우리를 전문적인 조언을 해줄 수 있는 사람,

믿고 의지할 수 있는 사람으로 여기도록 관계를 맺어 가야 합니다. 그것이 바로 '멘토 포지셔닝'입니다.

우리 주변에서 쉽게 볼 수 있는 멘토 포지셔닝에는 무엇이 있을까요?

대표적인 예로 의사Doctor를 들 수 있습니다. 아무리 돈이 많고 힘이 있는 환자라도 흰 가운 입은 주치의를 보면 '선생님'이라고 부릅니다. 주치의가 일어나라면 일어나고, 침대에 누우라고 하면 군말 없이 눕습니다. 옷을 벗으라고 하면 벗고, CT나 MRI 등의 검사를 받으라면 순순히 받습니다.

왜 그럴까요? 바로 의료적인 진단과 검사를 통해 자신을 치료해서 건강을 되찾아줄 전문가라는 사실을 알고 있기 때문입니다. 환자는 병원에 진료비, 치료비, 입원비 등을 지불합니다. 병원은 그렇게 얻어진 수익금으로 의사에게 급여를 줍니다. 주차장, 장례식장 등 부대시설을 운영해서 얻는 수익은 그리 많지 않습니다. 따라서 의사는 고객에게 의료라는 상품을 파는 영업인이라 볼 수도 있습니다.

하지만 병원에서 의사에게 "우리가 당신 벌어먹게 해주는 사람이야!"라고 큰 소리를 칠 고객이 얼마나 될까요? 아마 거의 없을 겁니다. 멘토 포지셔닝은 이처럼 강력한 효과를 지니고 있습니다.

우리 영업인이 멘토의 위치에 서려면 그에 상응하는 전문성을 갖춰야 합니다. 멘토 포지셔닝을 갖추는 데 있어 가장 중요한 것은 단연코 '실력'입니다. 자신이 아니라 남들이 인정하는 실력 말입니다. 그러나 실제로 대단한 능력과 실력을 가졌더라도 남들이 그 사실을 모른다면 아무 짝에도 쓸모가 없습니다. 때문에 '멘토 포지셔닝'을 원한다면 그 사실을 적극적으로 널리 알려야 합니다. 매우 전략적으로, 일관되게 말입니다.

앞선 강의에서 배운 로볼은 멘토 포지셔닝을 위한 것입니다. 잠재고객들에게 자신이 실력 있는 전문가임을 알리기 위해 무엇을 했습니까? 정보집 로볼이나 서비스 로볼을 만들어 고객들이 있을 만한 포인트에 가서 사람들에게 나눠주었고, 강의나 교육을 통해 고객들에게 더욱 가까이 다가섰습니다. 또한 인터넷 홈페이지를 만들거나 포털사이트에 블로그, 카페 등을 개설해서 자신이 전문가라는 개인 브랜딩을 적극적으로 해 나갔습니다.

자신이 고객에게 어떤 사람으로 알려지고 싶은지 정했다면 대외적인 활동을 해야 합니다. 이를 통해 자신이 고객이 인식하기 바라는 이미지나 타이틀에 맞는 전문가임을 사람들로부터 인정받아야 합니다.

이러한 활동도 멘토 포지셔닝인데 먼저 치밀하게 전략을 세우고, 그 전략을 바탕으로 체계적으로 진행해 나가야 합니다. 그렇지 않으면 투자한 시간과 노력에 비해 나에 대해 아는 사람은 크게 늘지 않는 난감한 상황에 처할 수 있습니다.

멘토 포지셔닝을 잘하기 위해서는 각종 매체를 적극적으로 활용해야 합니다. 고객들로부터 알고 지낼 가치가 있는 사람으로 인정받기 위해

내가 멘토라는 것을 널리 알려라.
그리고 사회로부터 인정받아라.

제품에 대한 전문지식은 물론 해당 고객군에도 빠삭해야 한다.

비슷해도 잘 팔려야 좋은 상품인 것처럼
전문가로서 잘 알려져야 진정한 전문가다.

카페	블로그	온라인 채널	정보집	기사노출
방송	업계지	칼럼기고	지식in	출판
강연	스터디	관련 봉사활동	오픈백과	노하우
명함	.COM	UCC 광고기획	소식지	가치나눔
이슈	캠페인	사회적 여론형성	SNS	트위터

고객에게 알고 지낼 가치가 있는 사람이라는 인식을 심어줘야 한다.

노력해야 합니다. 인터넷 홈페이지, 블로그, 카페, SNS 활동은 기본입니다. 요즘에는 트위터뿐만 아니라 유튜브를 활용해서 강의하는 모습 등이 담긴 동영상으로 자신이 어떤 사람인지 알리는 경우도 많습니다. 그러니 정보집과 정보영상 제작, 관련 봉사활동 등도 시간을 들여서 꾸준히 해 나가시기 바랍니다.

이외에 효율적인 멘토 포지셔닝으로는 신문이나 잡지에 칼럼을 기고하는 것, 기업체 등에 강의를 다니는 것, 언론에 노출될 수 있는 방법을 기획해서 실행하는 것, 캠페인을 벌여 차별화를 꾀하는 것, UCC를 통해 빠르고 쉽게 다가가는 것 등이 있습니다. 이런 활동을 통해 수집된 DB를 체계적으로 정리해 놓고 고객들에게 오프라인 소식지, 온라인 웹진 등을 보내면 보다 쉽게 친밀한 관계를 맺고 지속적으로 유지해 나갈 수 있습니다.

PART 7

고수익,
식자재 영업의
달인이 되다

'00구 어르신들을 위한 경로잔치 및 00구 노인회장배 음식경연대회!'
한길로는 플래카드에 적힌 문구를 보고 노하우가 지역에서 입김이 센 노
인회와 손잡고 노인들을 위한 경로잔치를 여는 동시에 지역 음식점들을
대상으로 음식경연대회를 개최함으로써 모두에게 의미 있는 자리를 만들
었다는 생각을 했다.

고수익,
식자재 영업의
달인이 되다

한길로는 책상 파티션에 붙어 있는 종이를 떼어냈다. '고객이 내 곁으로 모이게 하라'는 문구가 적힌 종이였다. 그리고 '아름다운 일을 하라!'는 문구가 적힌 새 종이를 붙였다. 한 걸음 더 높은 세상으로 나아가고 싶어서였다.

"아름다운 일을 하라. 아름다운 일을 하는 사람에게는 아름다운 일들이 펼쳐진다."

한길로는 이 말을 되뇌며 앞으로 아름다운 일을 하면서 살겠다는 다짐을 했다.

노하우를 만난 것은 한길로에겐 행운이었다. 한길로는 노하우의 조언을 받아들여 강의를 시작하고, 월억회에 가입하고 활동하면서 자신이 확연히 달라졌다는 사실을 누구보다 잘 알고 있었다. 새로운 영업방식으로 얻은 성과는 대단했다. 고객이 갈수록 늘어나 독립해서 노하우의 옆 사무실에 보험대리점을 차린 것이 두어 달 전이었다. 머지않아 대전과 부산에 지국도 설립할 예정이었다.

그즈음 영업이 적성에 맞지 않는다며 보험사를 떠난 조강태가 한길로를 찾아왔다. 그는 한길로를 영업의 세계로 끌어들인 장본인이었다.

"자네 요즘 잘나가더군. 나, 자네 밑에서 일하고 싶어서 왔네."

강태는 한길로를 보자마자 말했다.

"왜? 무슨 일 있나?"

"실은 사촌형님과 싸우고 가게를 접었어. 갈 데도 없고… 나 좀 받아주게."

"알았네. 대신 조건이 있어."

"뭔가? 말하게. 뭐든지 다 듣겠네."

"내 지시에 잘 따르고, 무조건 1년은 나와 함께 일해야 한다는 걸세."

"여부가 있겠나. 각서를 써도 좋네. 고마우이."

한길로가 제시한 조건을 흔쾌히 받아들인 조강태는 바로 다음 날부터 한길로의 대리점에 출근했다.

이제 한길로는 보험을 팔러 다니지 않았다. 강의를 듣는 사람들이나 고객들의 소개로 찾아오는 이들만으로도 충분한 수입을 올릴 수 있었다. 그러나 한길로는 자만하지 않았다. 초심을 잃지 않고 고객에게 늘 감사하는 마음을 가졌다. 앞으로 자신과 인연을 맺은 고객들을 잘 관리하면서 그들이 행복한 삶을 살 수 있도록 도와주며 그들과 더불어 아름다운 일을 해 나가는 것이 그의 목표였다.

그때 대표실 문을 두드리는 소리가 들렸다. 한길로는 벌떡 일어나 문을 열어주었다. 문 밖에는 노하우가 활짝 웃는 얼굴로 서 있었다. 예상했던 대로였다.

"오셨어요."

한길로는 반갑게 노하우를 맞이했다. 보면 볼수록 기분 좋은 사람이었다.

"내가 좀 일찍 왔나요?"

"괜찮습니다."

한길로는 슬쩍 시계를 보았다. 11시 40분이었다. 두 사람이 어제 한길로 사무실에서 만나 점심을 함께하기로 약속한 시간은 12시였다.

"가시죠. 지금 시간이면 사람도 많지 않고 좋죠, 뭐."

"그래요. 가요."

두 사람은 대표실을 나와 근처 퓨전음식점으로 갔다. 자주 와서 안면을 익힌 종업원이 두 사람을 창가 자리로 안내했다.

"오늘은 내가 먹자는 거 먹어요."

노하우가 자리에 앉으며 말했다.

"그러겠습니다."

한길로는 말 잘 듣는 어린아이처럼 대답했다. 노하우는 그런 한길로가 귀여웠다. 사랑스러웠다.

"길로 씨, 고수익 대표님한테 전화 왔었죠?"

노하우는 종업원에게 두 사람이 먹을 음식을 주문하고 물었다.

"예, 누님. 내일모레 00구에서 운영하는 00노인복지회관 개원식 때 노인 분들을 위한 잔치를 벌이기로 했다네요. 인근의 음식점 주인들을 대상으로 요리경연대회도 갖기로 했고요. 심사위원은 유명한 셰프들로 섭외했답니다. 만들어진 음식은 어르신들에게 제공하고, 상품도 푸짐하게 준다고 하네요. 물론 경연대회에 사용되는 모든 식자재는 고수익 대표가 대기로 했고요. 바쁘겠지만 시간 내서 올 수 있냐기에 없는 시간을 만들어서라도 가겠다고 했죠."

"잘했어요."

"누님에게도 전화하셨죠?"

"네. 고 대표님, 배포가 큰 분이라는 건 느낌으로 알고 있었는데 역시나 큰일을 벌리셨네요."

"그렇죠? 정말 대단하세요."

"길로 씨도 대단해요."

노하우가 환하게 웃으며 눈을 찡긋했다. 한길로는 그 모습을 보고 가슴이 설레는 것을 느꼈다. 노하우에게 끌리는 마음을 어쩌지 못했다.

한길로는 노하우의 고객이며 동시에 자신의 고객인 젊은 엄마들이 두 사람 사이를 의심하는 것이 싫어 노하우를 누님이라 불렀다. 실제로 노하우가 네 살이 많아 누님으로 부르는 것이 자연스러웠다. 하지만 노하우는 한길로에게 결코 말을 놓지 않았다. 한길로는 그녀의 마음을 충분히 헤아릴 수 있었다. 존대를 하는 것에는 함께 일을 하는 한길로를 동등한 위치에서 대하고 파트너로 존중한다는 의미가 담겨 있었다.

한길로는 배려심 많은 노하우가 좋았다. 마치 엄마 같았다. 현실이 남긴 아픈 상처를 지울 수 있었던 것도 모두 노하우 덕분이었다. 노하우와 가까워지면서부터 현실에 대한 기억은 조금씩 지워져 나갔고, 언제부터인가 안개처럼 흐릿해졌다. 두어 달 전 강의를 들으러 온 이제인을 만난 이후로는 마음속 깊은 곳에 어렴풋이 남아 있던 그리움이랄까, 한 번쯤 보고 싶다는 생각마저 말끔히 사라졌다.

이세인은 강의가 끝나자마자 한길로에게 다가와 짧게 고개를 숙여보이고 말했다.

"저에게 잠깐 시간을 내주세요. 잠깐이면 돼요."

"그래, 알았다."

한길로는 노하우에게 마무리를 맡기고 제인을 아래층에 있는 자신의 사무실로 데려갔다. 사무실에서는 여러 명의 직원이 바쁘게 일을 하고 있었다.

"들어와."

한길로는 대표실로 제인을 안내했다. 제인은 한길로가 권하는 자리에 얌전히 앉았다. 한길로는 대표실 한쪽에 있는 원두커피기계로 커피를 두 잔 내렸다. 커피 잔을 양손에 하나씩 들고 제인 앞에 앉아 하나를 내밀었다.

"강의실에 앉아 있는 네 모습을 보고 할 얘기가 있어서 나를 찾아왔을 거라는 생각은 했다."

한길로는 커피를 한 모금 마시고 말했다.

"물론 현실에 대한 얘기겠지."

"맞아요."

제인도 커피를 마시고 말했다.

"오빠 소식은 현실이도 잘 알고 있어요. 나 보고 오빠 카페에 가입하라고 하고, 강의 들어보라고 했던 사람도 현실이거든요. 오빠, 현실이 너무 미워하지 마세요. 오빠 힘들 때 어떻게든 도와주려고 애썼던 애에요."

"됐으니 본론만 말해."

"현실이 결혼하고 많이 힘들어했어요. 오빠에 대한 죄책감 때문에요."

"됐다니까. 나 현실이 다 잊었어. 그러니 현실이한테 가서 전해. 죄책감 따위가 아직도 있다면 개나 줘버리라고."

"현실이 다음 주에 미국으로 떠나요. 당분간은, 아니 어쩌면 오랫동안 한국에 오기 힘들 것 같다네요. 오빠를 직접 만나 용서를 빌고 싶은데 도저히 용기가 나지 않는다며 저 보고 대신 말을 전해 달라고 했어요. 성공가도를 달리는 멋진 모습 보고 떠나게 되어서 정말 다행이라고, 자기 잊고 행복하게 잘 살라고요."

"참 나. 난 완전히 잊었대두."

"그래요. 잘됐네요. 현실이가 바라던 바니까요. 그럼 전 이만 일어설게요."

제인이 쓸쓸하게 웃으며 일어섰다.

"할 얘기가 그것뿐인가?"

한길로도 따라 일어섰다.

"예."

"수십 억짜리 아파트에, 고급 외제 차에, 누릴 거 다 누리고 살면서 미국에는 왜 가는 거지?"

"그거 사실 아니에요."

"사실이 아니라니?"

"부풀려진 소문이에요. 현실이 남편 제법 사는 건 맞지만 소문만큼 큰 부자는 아니에요. 여기까지요. 더 말씀드리긴 곤란하네요. 현실이 사생활이니까. 사실 저도 현실이 사정을 자세히 알지는 못해요. 남편이 미국에서 새로운 사업을 시작해서 떠난다고만 하더군요."

한길로는 제인을 뚫어져라 쳐다보았다. 말과는 달리 뭔가 더 알고 있는 눈치였다. 하지만 더 묻지 않았다. 알고 싶은 것도 없었다.

"무슨 생각을 그렇게 해요?"

노하우가 손가락으로 식탁을 툭툭 쳤다.

"아, 네."

한길로는 생각에서 벗어나 식탁을 쳐다보았다. 어느 틈에 음식이 차려져 있었다.

"드세요."

"네, 누님도 드세요."

두 사람은 이런저런 대화를 나누며 즐겁게 음식을 먹었다.

"내일모레 고수익 대표님이 행사를 하는 장소에 시간 맞춰 함께 가시죠."

식사를 마칠 때쯤 한길로가 말했다. 노하우는 기다렸다는 듯 고개를 끄덕였다.

"어머, 두 분 진짜 잘 어울려요."

고수익과 나대박이 행사장으로 들어서는 한길로와 노하우를 반갑게 맞이했다. 두 사람은 멋쩍은 표정을 지었지만 고수익의 말이 싫지는 않았다. 한길로와 노하우는 서로에게 끌리는 마음을 굳이 숨기려 하지 않았다. 더는 숨길 필요가 없다고 생각했다. 노하우의 나이가 네 살 많다는 것도 두 사람에겐 아무런 장애가 되지 않았다.

"사람들이 정말 많네요."

한길로가 주위를 둘러보며 말했다. 행사장에 걸려 있는 플래카드에는 '00구 어르신들을 위한 경로잔치 및 00구 노인회장배 음식경연대회!'라는 문구가 적혀 있었다.

"다 나대박 사장님이 발 벗고 나서서 도와주신 덕분이죠, 뭐."

고수익이 옆에 서 있는 나대박을 쳐다보았다.

"아유, 낯 뜨겁게 왜 이러세요. 모두 고 대표님이 열심히 뛰어다닌 결과죠. 두 분도 보시면 아시겠지만 지역의 거의 모든 음식점 사장님이 적극적으로 참여했답니다."

나대박은 한길로와 노하우에게 자랑하듯 말했다.

"고 대표님과 나 사장님이 함께하는 모습, 참 보기 좋습니다. 두 분 바쁘실 텐데 우린 신경 쓰지 마시고 일 보세요."

"네. 그럼 저희는 이만 가볼게요."

고수익과 나대박은 두 사람에게 고개를 숙여보이고 서둘러 걸음을 옮겼다.

"행사 규모가 생각보다 크네요."

고수익과 나대박이 가자 노하우가 말했다.

"그러게요. 대단하세요. 완전히 고수익 대표님을 위한 고수익 대표님의 작품이네요. 누님, 가시죠."

한길로는 앞장서서 천천히 행사장 안으로 걸음을 옮겼다. 노하우가 뒤를 따라왔다. 여기저기 차려진 부스에는 각가지 식자재가 놓여 있었다. 노인은 물론 음식점 주인으로 보이는 사람도 많았고, 봉사자로 보이는 사람도 많았다. 낯익은 셰프도 여럿 눈에 띄었다. 고수익과 나대박은 봉사자들에게 이런저런 지시를 내리고, 오늘의 주인공인 노인들과 인사를 나누는 등 바쁘게 움직였다.

한길로는 플래카드에 적힌 문구를 보고 노하우가 지역에서 입김이 센 노인회와 손잡고 노인들을 위한 경로잔치를 여는 동시에 지역 음식점들을 대상으로 음식경연대회를 개최함으로써 모두에게 의미 있는 자리를 만들었다는 생각을 했다. 고수익은 경연대회에 쓰이는 모든 식자재는 자신이 제공할 거라고 말했었다. 이를테면 지역 음식점 관계자들에게 자신의 식자재를 써볼 수 있는 기회를 주고, 식자재 계통에서 자신이 특별한 존재임을 알리는 자리를 마련한 것이다.

"최대주 대표님도 오셨네요."

한길로는 노인들에 둘러싸여 있는 최대주를 발견하고 그쪽으로 갔다.

"안녕하세요, 최 대표님."

한길로와 노하우는 노인들에게 무슨 말인가를 열심히 하고 있는 최대주에게 인사를 건넸다. 노인들은 활짝 웃는 얼굴로 최대주의 말에 귀를 기울이고 있었다. 최대주는 탁월한 말솜씨로 자신을 둘러싼 노인들을 즐겁게 해주며 행사 분위기를 끌어올렸다.

한길로는 이것이 최대주의 본 모습이라는 생각을 했다. 모임에서 별말이 없었던 것은 회원들에게 거리감을 느껴서일지도 모른다는 생각도 들었다.

"다들 오셨네요. 여기서 뵈니 더 반갑습니다."

월억회 막내 나미래가 마땅히 할 일을 찾지 못해 최대주를 지켜보고서 있는 한길로와 노하우에게 다가와 인사를 했다.

"그러게요. 요즘 많이 바쁘신가 봐요. 어디 다녀왔어요?"

한길로도 인사를 하고 물었다. 한동안 나미래가 보이지 않아 궁금하던 차였다.

"예, 한 달 전에 중국에 갔다가 며칠 전에 왔어요."

"그랬군요. 그럼 이제 본격적으로 시작하는 건가요?"

"아직요. 지금은 샘플 상품을 만들고 있는 단계입니다."

"어떤 상품이죠?"

"키와 몸 크기에 맞춘 맞춤형 책상과 의자입니다. 키에 따라 높이가 다르고, 몸집에 따라 등받이와 손잡이가 다른 특화된 상품을 만들고 있습니다. 대상은 중·고등학생들과 화이트 컬러 직장인입니다. 타깃팅이 명확하지요. 포인트는 내 키와 상체 길이, 몸 크기와 앉은키, 팔 길이 등에 맞는 책상과 의자를 골라 써야 공부나 일이 잘된다는 것에 두고 있습니다."

"정말 기대되네요. 일하다 우리 도움이 필요하면 언제든 연락하세요. 우리는 한 배를 탄 사람들이잖아요."

노하우가 기쁜 얼굴로 말했다.

"네. 감사합니다. 말씀만 들어도 힘이 나네요. 앞으로 선배님들께 도움 받을 일이 많을 거예요. 잘 부탁드립니다."

나미래는 90도 각도로 인사를 했다. 몸동작이 활기차고 시원시원했다. 한길로는 저런 패기라면 무슨 일이든 못 해내겠나 싶었다.

그때 어디선가 아나운서의 목소리가 들렸다.

"지금부터 오늘의 메인 행사인 00노인회장배 요리경연대회를 시작하겠습니다."

"가실까요."

한길로가 앞장섰다. 노하우와 나미래가 한길로를 따라 발걸음을 옮겼다. 세 사람은 그동안 고수익이 정성을 다해 준비한 행사가 어떻게 펼쳐질지 궁금했다. 기대가 컸다.

어떻게 하면
고객이 먼저 찾아올까?

:: 셀프 어프로칭을 구축하라

한길로는 노하우와, 고수익은 나대박과 손잡고 서로의 영역에서 서로에게 도움을 주며 새로운 영업의 길을 열어 가고 있습니다. 특히 한길로는 '고객이 내 곁으로 모이게 하라'에서 '아름다운 일을 하라!'로 목표를 바꾸고 한 걸음 더 높은 세상으로 나아가려 합니다. 놀라운 발전이죠. 그 시작은 변화에 있었습니다.

이들의 이야기를 통해 여러분은 고객이 만나기도 전에 우리를 전문가로 인식하도록 하는 방법과 우리의 상품을 구매할 확률을 높이는 방법을 알게 되었습니다. 이제부터는 고객이 자발적으로 먼저 우리를 찾아오게 하고, 우리에게 상담이나 구매 요청을 할 수 있게 만드는 여러

가지 도구와 시스템, 즉 셀프 어프로칭 Self Approaching에 대해 알아보도록 하겠습니다.

기업을 대상으로 영업하는 분들이나 개인을 대상으로 하는 영업하는 분들이나 늘 고민하는 것이 바로 '어떻게 하면 의사결정자를 만날 수 있을까?' 하는 문제입니다.

고객을 만나기란 쉽지 않은 일입니다. 아니 어려운 일입니다. 낯선 영업인의 방문을 허락하는 회사는 없습니다. 보완과 경비를 담당하는 직원들이 막아서는 탓에 문을 통과하기조차 어렵습니다. 영업인을 잡상인 취급하는 사람도 많습니다.

이렇게 문 앞에서 거절당할 때마다 스스로 자책 아닌 자책을 하게 되지요.

'도대체 영업은 왜 이리도 어려운 것일까? 무엇 때문에 나는 고객들을 만나기도 전에 거절당하고 쫓겨나고 마는 것일까? 이 문제를 해결할 수 있는 방법은 없는 것일까?'

그러나 아무리 자책해도 문제는 해결되지 않습니다. 사실 이런 생각을 하는 것 자체가 문제입니다. 고객이 거절하는 것은 결코 이해할 수 없는 상황이 아닙니다. 입장을 바꿔서 생각해 보십시오. 여러분도 일상에서 수많은 거절을 하고 있지 않나요?

영업할 때는 주체는 '나'입니다. 따라서 내가 열심히 활동할 수 있도록 스스로 동기부여를 해야 합니다. 먼저 영업 프로세스를 갖추려는 노력을 해야 합니다.

영업 프로세스가 시작되면 영업의 주체는 '나'가 아니라 '고객'이 되어야 합니다. 고객으로 주체를 바꿔서 스스로에게 다음과 같은 질문을 던져봐야 합니다.

'내가 어떻게 해야 고객이 구매를 하고 싶어 할까?'

'내가 어떻게 해야 고객 스스로 내 상품이 좋다고 느끼게 될까?'

'내가 어떻게 해야 고객 스스로 나를 찾아올까?'

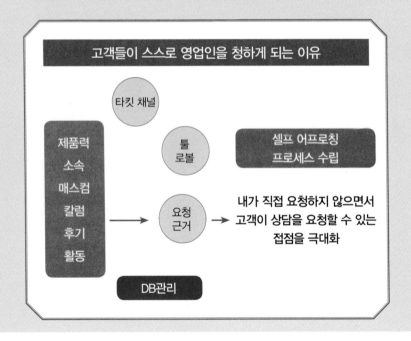

앞 강의에서 배운 멘토 포지셔닝은 그 행위 자체가 고객이 나의 전문성을 인정하고 먼저 연락할 수 있도록 만드는 것입니다. 때문에 '셀프 어프로칭'은 멘토 포지셔닝과 한 묶음으로 생각하고 미리 준비해야만 합니다.

당신은 가르침을 받은 대로 영업 프로세스를 실천해서 '멘토 포지셔닝'을 구축했습니다. 고객은 당신을 어떻게 생각할까요?

'이 사람 한번 만나볼까? 상담 한번 받아보고 싶은데.'

멘토 포지셔닝이 잘 구축되었다면 당연히 이런 반응을 보이게 됩니다. 그렇다면 여기에서 더 무엇을 준비해야 할까요?

고객이 우리에게, 또는 우리의 업체에 연락을 쉽게 취할 수 있도록 돕는 채널과 다양한 접점을 만들어야 합니다. 이런 것이 바로 셀프 어프로칭입니다. 고객과의 접점을 늘릴 수 있는 셀프 어프로칭에는 응모함이나 체험 쿠폰, 소개 카드, 강연이나 체험 후기, 별도의 폼메일 형식으로 만든 온라인 DB 수집 웹페이지 등이 있습니다.

우리가 가지고 있는 우리만의 독특한 로볼과 개입상품, 그것들이 충분히 효과가 있음을 검증해 주는 레터, 그리고 우리의 전문성과 권위를 뒷받침해 주는 멘토 포지셔닝 등의 프로세스 요소가 한데 어우러지면, 그것이 셀프 어프로칭이 되어 고객들이 먼저 우리를 찾아오게 하는 영업을 하게 되는 것이지요.

온라인 오프라인을 막론하고 고객들과 만날 수 있는 채널을 최대한 늘리면서, 우리가 타깃으로 하는 고객들에게 제대로 작성된 레터를 전달해야 합니다. 이런 작업을 통해 고객들이 우리에게 우리만의 로볼을 신청하도록 해서 DB를 확보해야 합니다. 우리와 한 번 접촉한 고객은 계속 우리의 울타리 안에 머물게 해야 합니다. DB가 확보된 고객들은 개입상품을 통해 이차적인 DB를 확보하고 관리하는 시스템을 만들어 나가야 합니다. 그러다 보면 셀프 어프로칭의 구조가 더욱 단단해집니다.

정기적으로 웹진이나 소식지를 발행해 고객에게 보내는 것도, 잠재고객들을 대상으로 세미나를 여는 것도 좋은 방법입니다. 이런 방법으로 고객이 스스로 필요성을 느끼고 우리를 찾아오게 만드는 시스템을 구축해 나가는 것이지요.

셀프 어프로칭의 핵심은 이렇게 우리가 고객을 찾아가서 상담을 하는 것보다 고객이 먼저 우리를 알고 찾아와서 상담을 요청하게 만드는 것입니다.

우리가 잠재고객을 찾아서 먼저 연락하고 만나게 되면 고객들은 우리를 상품을 팔려는 장사꾼으로 보기 마련입니다. 때문에 구매의 벽이 높아져서 판매가 어려워지는 것이지요. 따라서 우리는 셀프 어프로칭을 활용하여 잠재고객들이 우리를 찾아오게 해야 합니다. 그러기 위해서는 고객과 접촉할 수 있는 채널, 즉 외부 출강, 적은 비용으로 할 수 있는 광고 활동, 언론에 노출시키기, 칼럼 기고하기 등을 지속적으로 확대해 나가야 합니다.

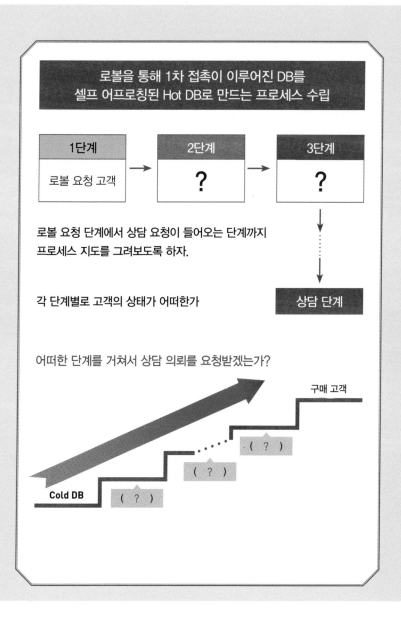

로볼을 통해 1차 접촉이 이루어진 DB를
셀프 어프로칭된 Hot DB로 만드는 프로세스 수립

1단계	2단계	3단계
로볼 요청 고객	?	?

로볼 요청 단계에서 상담 요청이 들어오는 단계까지
프로세스 지도를 그려보도록 하자.

각 단계별로 고객의 상태가 어떠한가

상담 단계

어떠한 단계를 거쳐서 상담 의뢰를 요청받겠는가?

구매 고객

(?)

(?)

Cold DB

(?)

지금까지 배운 내용을 바탕으로 영업 프로세스를 구축해 나가기 바랍니다. 타깃과 포지션, 개입상품을 설정하고 타깃에 맞는 로볼과 레터를 만들어 잠재고객의 DB를 꾸준히 모으고 관리하면서 해당 분야의 전문가이자 권위자, 즉 멘토로서 인정받을 수 있도록 하십시오. 그리고 이를 바탕으로 영업 프로세스 초안을 만들어보십시오.

1차로 DB를 모았다면, 자연스럽게 2단계 DB로 올릴 수 있는 로볼을 고안하고, 2단계 DB는 3단계 DB로 올릴 수 있는 구상을 하십시오. 한 계단 한 계단 올라가 고객이 우리를 전문가로 인식하는 DB가 많이 생기면 그것에 맞게 새로운 DB를 만들어 관리하는 시스템을 구축해 나가십시오.

예를 들어 간단한 정보집을 통해 신청자를 만들었다고 합시다. 그것이 1차 DB입니다. 그 DB를 동영상이나 전화 상담 등을 신청하게 하는 2차 DB로 전환하고, 여기에서 오프라인 상담을 신청하는 사람들을 3차 DB로 전환하는 프로세스를 구축해 나가는 것입니다. 그러면 어느 정도의 숫자가 1차에서 2차 DB로, 2차에서 3차 DB로 전환되는지 통계를 낼 수 있습니다. 그리고 이를 바탕으로 새로운 마케팅 전략을 수립해 나갈 수 있는 것이지요.

거절을 예방하기 위해 당장 해야 할 일

1. DB 수집을 위한 프로세스를 완벽하게 수립한다.

2. 모은 DB를 관리할 기획안을 작성한다.

3. 나와 인연을 맺은 것 자체를 상품화하는 멤버십 상품을 제작한다.

4. 최대한 적게, 좁게 팔기 위해 노력한다.

5. 매출을 올리기 위한 접점은 넓게, 실질적인 통과문은 좁게 잡는다.

6. 항상 고객으로부터 연락이 오게 만든다.

7. 내가 고객을 관리하는 것이 아니라 고객이 나를 관리하도록 만든다.

8. 나 자체가 가치 있는 도움을 꾸준히 제공할 수 있는 사람이 되어야 한다.

멘토 포지셔닝과 짝을 이뤄 구축해야 하는 셀프 어프로칭을 어려워하는 분이 의외로 많습니다. 어려워하지만 말고 우리가 고객이라면 어떻게 반응할지, 입장을 바꿔 생각해 보세요. 그럼 보다 쉽게 이해할 수 있을 겁니다. 같은 방법이라도 '왜 이때 이 방법을 써야하는지'를 모르고 무작정 따라만 해서는 효과를 보기 어렵습니다. 정확하게 고객 입장에 서서 욕구를 충족시켜줄 수 있는지 따져보고 살펴봐야 제대로 된 셀프 어프로칭을 만들 수 있습니다.

PART 8

나는 사지 않을 테니
내게 팔아봐!

"와아!"

한길로 등은 일제히 환호성을 질렀다. 신 회장은 금방이라도 하늘을 날 듯 좋아하는 월억회 회원들을 햇살처럼 환한 얼굴로 바라보았다. 그는 월억회 회원들이 머지않아 각자의 영업 분야에서 최고가 되리라는 사실을 믿어 의심치 않았다.

나는 사지 않을 테니
내게 팔아봐!

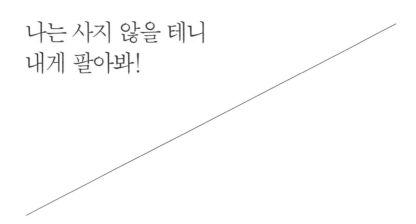

    한 해가 저물어 가는 12월 첫째 주 금요일, 월억회 회원들이 영업인
협회에 모였다. 신기루 회장은 웃음 가득한 얼굴로 회원 한 명 한 명과
눈을 맞췄다. 표정만 봐도 그동안 얼마나 큰 변화가 회원들에게 일어났
는지 알 수 있었다.

    "모두 어떠셨나요? 올해도 많은 성장을 이루셨나요?"

    신 회장이 회원들을 둘러보며 물었다.

    "네. 회장님. 다 회장님 덕분입니다."

    제일 나이가 많은 최대주가 회원들을 대표해서 말했다. 나머지 회원
들도 같은 생각이라는 듯 고개를 끄덕였다.

    "보기 좋군요. 그동안 여러분이 어떻게 성장을 이루셨는지 궁금합니

다. 여러분도 궁금하시죠?"

신 회장이 다시 물었다.

"네."

"좋습니다. 그럼 한 해를 마무리하는 의미에서 그동안 각자 얼마나 수
익을 신장시켰는지 발표하는 시간을 갖도록 하겠습니다. 영업인에게 무
엇보다 중요한 것은 수익이니까요. 어느 분이 먼저 하겠습니까?"

"제가 하겠습니다."

고수익이 손을 들고 자리에서 일어났다. 신 회장과 회원들이 얼마 전
에 자신의 주도하에 치러졌던 행사 결과를 궁금해 할 거라는 생각이 들
었다. 고수익은 회원들 앞으로 걸어 나와 단아한 자세로 서서 말했다.

"지난번 행사에 많은 관심을 가져주셔서 감사드립니다. 행사는 무사
히 잘 치렀습니다. 지역 주민들의 반응도 상상 이상으로 좋았습니다. 덕
분에 지난 달 수익이 3000만 원을 넘어섰습니다. 앞으로는 점점 대회규
모를 키워 나가 전국대회로 발전시킬 계획입니다. 계획대로 된다면 내년
안에 월 수익 5000만 원대 이를 것 같습니다. 정말 고맙습니다."

"축하합니다."

회원들이 일제히 박수를 쳤다. 영업을 시작한 지 6개월도 안 됐는데
월 수익 3000만 원을 올렸다는 것은 정말 획기적인 성장이었다. 그러나
지금보다는 앞으로가 더 기대되었다. 대회규모를 키워 나가 전국대회로
발전시킨다면 수익은 급격히 뛰어오를 것이었다.

"이번에는 제가 발표하겠습니다."

고수익에 이어 나대박이 회원들 앞에 섰다. 그는 고수익의 도움으로 일명 짬짜면 마케팅을 시작하고, 고수익과 함께 일하면서 월 3000만 원의 수익을 올릴 수 있었다고 말했다. 3개월 전부터는 수익이 5000만 원대로 올라섰고, 내년에는 월 평균수익이 7000~8000만 원대에 이르러 연 9억 원의 수익을 올릴 수 있을 것 같다고 했다.

나대박에 이어 노하우가 발표에 나섰다. 그녀는 한길로와 함께하면서 수익이 빠르게 늘어 지난달에는 8000만 원의 수익을 달성했다고 말했다. 평균수익은 6000만 원대로 연 수익이 7억은 넘을 것 같다고 했다.

노하우 다음에는 한길로가 발표했다. 그는 노하우의 조언으로 새로운 방식의 영업을 시작한 덕분에 이후 월 평균수익 5000만 원을 올렸다고 말했다. 독립해서 보험대리점을 차리고 대전과 부산에 지점을 설립하면서 수익이 더욱 늘었다고 했다. 앞으로 지점이 늘어나면 수익이 어느 정도까지 오를지 잘 모르겠다고 했다.

한길로 다음에는 최대주가 나섰다. 그는 간 건강에 초점을 맞춘 영업을 시작하면서 수익이 3000만 원대로 올랐다고 말했다. 올해 월 평균수익은 2000만 원대로 연 수익은 2억 5000만 원 정도인데 내년 수익은 적어도 그 두 배가 넘을 거라고 했다. 그러면서 침체되어 있는 자신을 일깨워 한 단계 높은 영업세계로 이끌어준 신 회장과 동료 회원들에게 진심으로 감사한다는 마음을 전했다.

마지막 발표는 막내인 나미래가 했다.

"저는 이제 시작 단계라 수익에 대해서는 할 말이 없습니다. 훌륭하신 분들과 함께하게 되어 그저 행복할 따름입니다."

신기루 회장은 흐뭇한 표정으로 최대주과 나미래를 바라보았다. 사실 처음에는 뜰채 성향이 있는 두 사람이 월억회 모임에 잘 적응할 수 있을지 걱정했었다. 뜰채란 모임에서 부정적인 말만 하는 사람을 말한다. 대부분 영업에 어느 정도 경험이 있는 자기주장이 강한 사람들이다. 이런 사람은 누구의 말에도 부정적으로 반응하기 때문에 발전을 이루기 힘들다. 주변에도 좋지 않은 영향을 미쳐 다른 사람의 발전까지 방해한다. 하지만 걱정과는 달리 두 사람은 차츰 뜰채 성향을 버리고 월억회에 녹아들기 시작했고, 어느덧 '나'가 아닌 '우리'가 되었다.

신 회장은 회원들 앞에 서서 말했다.

"이제 여러분에게 미션을 하나 드리겠습니다. 여러분은 어떤 상품이든지 저에게 팔아야 합니다. 물론 나는 살 의향이 전혀 없습니다. 그래도 여러분은 제가 그 상품을 살 수밖에 없도록 만들어야 합니다. 기한은 석 달 주겠습니다. 미션에 성공하면 월억회 모임은 유지될 것이고, 실패한다면 해체될 겁니다. 무슨 말인지 알겠죠?"

"예!"

회원들은 입을 모아 대답했다. 그들은 그간의 활동을 통해 어떤 사항이 주어지면 일단 긍정적으로 받아들여야 하나라도 더 배울 수 있다는 사실을 알고 있었다. 그것이 뜰채에서 벗어나는 길이고, 영업의 고수로 가는 길이라는 사실도 알고 있었다.

"그럼, 미션에 성공하기를 기도하겠습니다."

말을 마친 신기루 회장은 회원들에게 인사를 하고 회의장을 나갔다. 한길로 등 여섯 명의 회원도 자리에서 일어나 신 회장에게 인사를 했다.

"나는 사지 않을 테니 내게 팔아보라고? 정말 어려운 미션이네요."

신 회장이 가자 최대주가 머리를 절레절레 흔들며 말했다. 한길로 등은 공감한다는 표정으로 고개를 주억거렸다.

"최대주 대표님은 자신 있지 않나요?"

잠시 후 고수익이 웃으며 최대주에게 말을 건넸다. 그녀는 첫 만남에서 최대주가 보통 사람이 아니라는 것을 알아챘다. 독자적인 영업을 오래한 탓인지 팀에 녹아들지 못하는 것이 아쉬울 따름이었다. 그러던 차에 노인복지회관 개소식 행사를 기획하게 된 고수익은 최대주를 설득해 자신이 주관하는 행사에 끌어들였다. 영업수완이 뛰어난 최대주와 손을 잡으면 세상의 그 어떤 물건도 팔 수 있을 것 같았다.

"최 대표님이 앞장서 주셔야죠."

고수익의 마음을 헤아린 나대박이 거들었다. 고수익은 최대주가 미션을 이끌어주기를 바라고 있었다. 나대박도 마찬가지였다.

"좋습니다."

최대주가 흔쾌히 말했다. 고수익과 나대박은 최대주의 능력을 높이 평가했다. 최대주도 알고 있었다. 그는 진심으로 자신을 믿어주고 함께하는 두 사람이 고마웠다.

최대주는 고수익과 나대박과 함께 행사를 준비하면서 고객을 찾아다니는 것이 아니라 고객이 찾아오게 만드는 영업전략에 눈을 떴다. 사람들과 만나 그들의 고민을 들어주고, 그들에게 필요한 건강정보를 주기 시작하자 구매자들이 점차 늘어났다.

최대주는 고수익과 나대박과 함께하기 전에는 노인을 단순한 고객으로만 봤다. 그래서 그들이 상품을 사도록 이끄는 데에만 신경을 썼다. 그렇게 물건을 팔고 수익을 올렸다. 하지만 이제는 아니었다. 자신이 무슨 말을 할 때마다 웃음을 보이는 노인들이 부모처럼 생각되었다. 노인들이 자신과 보내는 시간을 좋아하고, 자신이 취급하는 건강식품을 복용하면서 건강이 좋아지는 모습을 보며 큰 보람을 느꼈다.

"그럼 우리 신 회장님이 주신 미션에 대해 얘기해 볼까요?"

최대주가 회원들을 둘러보며 물었다. 동의의 표시로 모두 고개를 끄덕였다.

"타깃팅은 신 회장님입니다. 제일 먼저 뭘 해야 할까요?"

최대주가 다시 물었다.

"타깃팅인 회장님에 대한 분석을 해야겠죠."

노하우가 나서서 자신 있게 대답했다.

"그렇죠? 분석을 하려면 신 회장님이 뭘 좋아하는지, 가족관계는 어떻게 되는지, 부모님과 아내와 자녀들이 가장 필요로 하는 것이 무엇인지, 건강은 어떤지 등등을 알아봐야겠죠. 그러니 각자 신 회장님에 대한 정보를 최대한 많이 수집했으면 합니다. 오늘은 여기까지 하고 일주일 후에 다시 만나서 각자 모은 정보를 토대로 구체적인 방법을 찾아봅시다."

"네."

모두 입을 모아 말했다. 그것으로 월억회 모임이 마무리되었다. 모두 마음이 조급해져서인지 뒤풀이는 하지 않기로 했다.

"사무실로 갈 건가요?"

회원들과 헤어져 택시를 잡으려는 한길로에게 노하우가 물었다. 오늘 뒤풀이에서 술을 할 것 같아 두 사람 다 차를 가져오지 않았다.

"누님은요?"

한길로가 노하우를 바라보며 되물었다.

"어디 가서 저녁이나 같이해요. 차도 두고 온 김에 술도 한잔하고."

"그러죠."

한길로는 흔쾌히 말했다. 그렇지 않아도 미션에 대해 노하우와 얘기하고 싶던 차였다. 두 사람의 발길은 자연스럽게 월억회 모임이 끝나고 뒤풀이를 하던 근처 식당으로 향했다. 낯익은 종업원이 식당 안으로 들어서는 두 사람을 반갑게 맞이했다. 두 사람은 종업원이 안내하는 자리에 앉아 음식과 술을 주문했다. 종업원은 곧 맥주 세 병과 찬거리를 가져와 식탁에 올려놓았다.

"제가 보기에 길로 씨는 글을 잘 쓰는 것 같아요. 그래서 말인데 책을 내보면 어떨까요?"

노하우가 맥주병을 들어 한길로 앞에 놓인 잔에 술을 가득 따르고 물었다. 한길로는 끊임없이 자신에게 동기부여를 해주는 노하우가 고마웠다. 든든했다.

"제가 책을 내면 좀 팔릴까요?"

한길로도 노하우의 잔에 술을 따랐다.

"그럼요. 길로 씨 인기 좋잖아요. 팬들이 한 권씩만 사준다고 해도 출판사에 손해는 끼치지 않을 거예요."

"참, 누님은 사람을 기분 좋게 하는 재주가 있어요. 아무튼 그렇게 말씀해 주시니 고맙습니다. 드시죠."

두 사람은 잔을 들어 부딪쳤다.

"공치사가 아니에요, 길로 씨. 우선 이번 미션에 솜씨 좀 발휘해 보세요."

노하우가 시원하게 잔을 비우고 말했다.

"예? 이번 미션이요?"

한길로도 단숨에 잔을 비우고 비어 있는 노하우와 자신의 잔을 술로 채웠다. 그때 마침 종업원이 주문한 음식을 가져와 식탁에 내려놓았다.

"우리 먹으면서 얘기해요."

노하우는 한길로가 좋아하는 음식을 그의 앞으로 옮겨놓았다. 한길로는 그런 노하우를 물끄러미 바라보았다. 사랑스러웠다. 두 사람은 잠시 말없이 음식을 먹으며 술을 마셨다.

"실은 얼마 전에 신기루 회장님이 자서전을 낼지 말지 고민하고 있다는 얘기를 들었어요."

이윽고 노하우가 먼저 입을 열었다.

"내년에 회장님 아버님께서 팔순이 되신다는 얘기도요. 회장님이 둘도 없는 효자라는 건 길로 씨도 알고 있죠?"

"네."

"그래서 생각해 봤는데 회장님 아버님 팔순잔치 때 자서전 출판기념회도 같이하면 어떨까 싶어요."

"그거 정말 좋은 아이디어네요."

한길로는 고개를 끄덕였다. '내 이름으로 된 책 출간하기'는 신기루 회장이 강조하는 영업전략 가운데 하나였다. 한길로는 신 회장의 말을 떠올렸다.

'영업자는 먼저 자신의 영업 분야에 전문가가 되어야 한다. 대중에게 자신이 해당 분야의 전문가임을 입증하고 널리 알리려면 그에 대한 책을 써서 출간해야 한다. 그것만큼 확실한 영업전략도 없다.'

"그럼 한번 해볼래요?"

급하게 마셔서 술기운이 올라온 것일까. 노하우가 발그레해진 얼굴로 물었다.

"네. 해보겠습니다. 누님은 회장님과 아버님에 대한 자료를 모아주세요. 시간이 얼마 없으니 회원들에게도 알려서 함께하는 게 좋겠네요. 여럿이 하면 더 빨리 할 수 있으니까요. 저는 전체 틀과 차례를 짜볼게요."

"알았어요. 근데 길로 씨, 누님이라는 소리는 이제 그만 들었으면 해요."

"네? 아, 네. 하우 씨."

"그래요. 듣기 좋네요. 앞으론 다시 그렇게 불러줘요. 누가 옆에 있어도요. 알았죠?"

"네. 하우 씨."

"길로 씨는 참 착해."

노하우는 한길로를 빤히 쳐다보았다. 한길로는 노하우의 시선을 피하지 않았다. 발그레한 노하우의 얼굴이 조금 더 붉게 물들었다. 한길로는 문득 그녀의 볼에 입맞춤하고 싶은 충동을 느꼈다. 참기 힘든 충동이었다.

노하우는 다음 날 아침 월억회 단체 카톡방에 한길로에게 말했던 아이디어를 올리고 언제 어디서 만나 얘기를 나누면 좋을지 의견을 물었다. 회원들의 의견은 오는 목요일 저녁 7시에 노하우와 한길로 사무실 근처 식당에 모이는 것으로 모아졌다. 단체 카톡방은 한 달 전 제일 나이 어린 나미래의 주도로 만들어졌다. 그 후 회원들이 각자 자신의 근황을 스스럼없이 단톡방에 올리면서 우리는 한 팀이라는 결속력이 더 강해졌다.

회원들은 목요일 7시에 한 명도 빠짐없이 약속장소에 모였다.

"워낙 시간이 없어서 제가 우선 목차부터 짜왔습니다."

한길로는 회원이 모두 모이자 목차가 적혀 있는 A4용지를 회원들에게 나눠주었다.

"문제는 신 회장님과 회장님 아버님에 관한 자료를 어떻게 모으냐는 것입니다. 우리의 미션은 책을 쓰는 게 아니라 책을 써서 신 회장님에게 우리의 물건을 파는 것이니까요. 우리가 책을 쓰고 있다는 말이 신 회장님 귀에 들어가지 않도록 해야 하는 것은 아주 당연한 일이고 책을 통해 신 회장님이 우리가 취급하는 제품 중에서 하나라도 사지 않고는 못 배기게 만드는 전략을 짜야 합니다."

"그래야죠."

회원들은 한길로가 무슨 말을 하는지 알아챘다. 어차피 미션을 수행하려면 타깃팅인 신 회장에 대한 정보를 최대한 많이 모으는 것이 좋았다. 그 정보를 바탕으로 책까지 쓴다면 일석이조의 효과를 얻을 수도 있을 터였다.

"저는 어떻게 하면 신 회장님한테 식자재를 팔 수 있을까, 그것만 생각했네요. 회장님이 둘도 없는 효자라니 저는 인맥을 동원해 회장님 어머님을 만나보도록 하겠습니다. 어머님을 통해 신 회장님의 가정환경과 어린 시절 이야기를 모아보겠습니다."

고수익이 말했다.

"저는 회장님 아버님과 친분이 있는 분을 알고 있습니다. 강남에 빌딩을 몇 채 가지고 계신 분이죠. 저는 그분을 통해 회장님 집안에 대해 알아보겠습니다."

고수익의 뒤를 이어 나대박이 말했다. 한길로는 웃음 띤 얼굴로 무슨 일이든 늘 적극적인 자세로 임하는 고수익과 나대박을 바라보았다.

"저는 인맥을 통해 회장님 사모님에 대해서 알아보겠습니다."

노하우가 뒤질세라 말했다.

"저는 신 회장님과 아버님의 관계에 대한 자료를 모아보겠습니다."

최대주도 더는 미적거리지 않았다. 막내인 나미래 또한 마찬가지였다.

"저는 어제 회장님의 요청으로 회장님 자제 분들에 맞는 의자와 책상을 제작하기로 했습니다. 회장님이 먼저 제가 취급하는 상품의 시장성을 평가해 보겠다고 하시더군요. 덕분에 고2인 큰아들과 중3인 작은아들과 이런저런 이야기를 나눌 수 있었습니다. 두 친구 모두 회장님을 닮아 생각과 행동이 긍정적이고 활발하더군요. 앞으로 저는 자제 분들에 대한 정보를 모아서 알려드리겠습니다."

"잘 알겠습니다. 저는 신기루 회장님이 영업인으로 성공하기까지의 사례를 모으겠습니다. 그렇게 각자 정보를 모아서 다음 주에 다시 모이기로 하지요. 특별히 다른 의견이나 아이디어가 생각나시면 그때그때 단톡에 올려주시고요. 어떻습니까?"

한길로가 회원들을 둘러보며 물었다.

"좋아요."

모두 흔쾌히 대답했다. 그제야 노하우가 종업원을 불러 주문해 놓은 음식을 가져오도록 했다.

한길로는 신기루 회장님이 영업인으로 성공하기까지의 사례를 모으는 한편 신 회장의 책을 출간해 줄 만한 출판사를 알아보았다. 다행히 한길로의 고객 가운데 경제경영서를 주로 내는 OO출판사 대표와 잘 아는 분이 있었다. 한길로는 그분의 소개로 OO출판사 대표를 만났다. 그 자리에는 물론 노하우도 함께 있었다.

출판사 대표는 신기루 회장에 대해 잘 알고 있었다. 한길로가 출간기획서를 건네고 어떤 책을 만들려고 하는지 설명하자 당장 계약을 맺자고 했다. 신기루 회장의 이름을 내건다면 충분히 시장성이 있다고 판단한 듯했다.

한길로는 단톡에 출판사 대표를 만났다는 것과 그와 나눈 대화의 요점을 알리고 계약을 해도 좋을지 물었다. 잠시 후 최대주가 다음과 같은 글을 단톡에 올렸다.

신기루 회장님 이름으로 나올 책 아닌가요? 그럼 신 회장 본인이나 본인의 위임을 받은 사람이 아니면 출판계약을 할 수 없을 텐데요?

한길로는 그 글을 읽고 당황했다. 맞는 얘기였다. 신 회장 모르게 본인의 책을 내기는 힘들 것 같았다.

한길로는 옆자리에 앉은 노하우를 바라보았다. 순간 노하우가 단톡에 다음과 같은 글을 올렸다.

출판비용을 제가 부담하고 출판사와의 계약을 제 이름으로 하면 어떨까요? 책 판매수익은 신 회장님 이름으로 전액 봉사단체에 기부하는 것으로 하고요.

한길로는 역시 노하우라는 생각을 했다. 순발력이 정말 뛰어난 사람이었다. 회원들은 노하우의 의견에 찬성한다는 뜻을 알렸다.

노하우는 출판사 대표에게 자초지종을 설명하고 자신이 단톡에 올린 의견을 전했다. 출판사 대표는 좋은 뜻이니 협조하겠다면서 대신 신 회장이 자신의 이름을 무단 도용했다는 이유로 출판사에 소송을 제기할 경우 모든 책임은 한길로 등이 진다는 내용을 계약서에 넣을 것을 원했다.

"알겠습니다. 그렇게 하겠습니다."

노하우가 시원하게 말했다. 달리 선택의 여지가 없었다. 출판계약은 초판 3000부를 찍는다, 초판 제작에 드는 비용은 모두 노하우가 부담한다, 판매수익은 전액 신기루 회장의 이름으로 봉사단체에 기부한다, 재판부터는 신기루 회장과 계약하고 신 회장에게 인세를 지급한다, 이로 인해 발생하는 모든 법적인 책임은 노하우와 한길로가 진다는 등의 내용으로 이루어졌다.

시간은 빠르게 흘러 해가 바뀌었다. 신 회장에게 미션을 받은 지도 한 달 가까이 지났다. 월억회 회원들은 그동안 서로 모은 정보를 공유하고 집필방향을 논의하는 모임을 세 차례 가졌다. 회원 모두 이제 신 회장에 대한 정보는 충분히 모였다는 생각을 했다. 남은 일은 모은 정보를 바탕으로 원고를 쓰는 것이었다. 출판사에서는 원고가 넘어왔을 때를 기점으로 책이 나오기까지 최소한 한 달은 걸린다고 했다. 따라서 어떻게 해서든 한 달 안에 원고를 마무리해야 했다.

한길로는 혼자 써서는 도저히 기한을 맞추기 어렵다는 생각을 했다. 본업을 버리고 글에만 매달릴 수도 없는 노릇이었다. 한길로는 고민 끝에 출판사 대표에게 연락해 원고를 대신 써줄 작가들을 구해 달라고 요청했다. 출판사 대표는 유능한 대필작가 세 명을 한길로에게 소개해 주었다. 만나보니 세 명 다 한길로의 마음에 들었다.

한길로는 각각의 대필작가들과 계약을 맺고 3분의 1분량씩 집필을 맡겼다. 대필료는 그들이 평소에 받는 것보다 많이 주었다. 대신 20일 안에 원고를 끝낸다는 조건을 내걸었다. 내용이 이상하거나 미진한 부분이 있을 경우 수정이나 보충을 요구하면 응한다는 조건도 덧붙였다. 목차와 충분한 정보가 있고, 집필방향이 정해져 있을 뿐만 아니라 분량 또한 적어서 작가들은 흔쾌히 한길로가 제시한 조건을 받아들였다. 최종 감수는 월억회 회원 모두가 보기로 했다.

다행히 대필작가들은 정해진 날짜에 원고를 보내왔다. 한길로는 꼼꼼히 원고를 읽어보았다. 촉박한 시간이 걸림돌이 되지 않을까 우려했던 것과는 달리 원고는 만족할 만한 수준이었다. 책의 저자는 신기루 회장으로 하되 책날개에 글 도우미로 대필작가들의 이름을 밝히기로 한 것도 효과를 본 듯했다.

한길로는 원고를 회원들에게 보내고 각자 파트별로 자신이 모은 정보와 다른 점은 없는지 살펴봐 달라, 다른 점이 있다면 수정해서 그 부분만 따로 닷새 안에 메일로 보내달라는 요청을 했다. 회원들은 한길로의 요청대로 닷새 안에 수정한 부분을 보내왔다. 한길로는 그 부분을 종

합해서 최종 원고를 만들어 출판사에 보냈다. 출판사 대표는 디자인 작업이 마무리되는 즉시 교정지를 보내겠다고 했다. 교정지 교정은 두 번 보는 것으로 정했다.

한길로가 출판사에 원고를 보낸 다음 날 나미래가 단톡에 신 회장님 아버님을 비롯한 가족들의 이야기와 신 회장님의 영업 성공신화를 동영상으로 만들어보면 어떻겠느냐는 글을 올렸다. 그 동영상을 신 회장님 아버님 팔순잔치에 오신 분들에게 보여주면 좋지 않겠느냐는 것이었다. 모두 대찬성이었다. 역시 젊은 친구는 뭐가 달라도 다르다는 칭찬이 줄을 이었다. 나미래는 회원들의 칭찬에 고무되었는지 최종 원고 파일과 각자 모은 신 회장님 자료를 자신에게 보내주면 그것들을 토대로 자신이 직접 동영상을 만들어보겠다고 했다.

한길로와 나미래는 신 회장 아버님 팔순잔치 전에 책과 동영상을 완성하기 위해 바쁘게 움직였다. 본업을 소홀히 할 수 없어 짬이 나는 대로 일을 하려니 밤을 새울 때도 많았다. 그러는 사이에 어느덧 신 회장이 못 박은 날짜가 일주일 앞으로 다가왔다. 한길로 등 회원들은 신 회장의 부름을 받고 영업인협회 회의실에 모였다.

"이제 일주일밖에 안 남았는데 미션은 잘 진행하고 있나요?"

신 회장이 회원들을 둘러보며 물었다. 회원들은 웃음을 삼키며 말없이 서로를 쳐다보았다. 서로의 눈에는 확신이 어려 있었다.

"왜 아무 말씀이 없죠?"

신 회장이 다시 물었다. 고수익은 이러다 혹시 눈치 빠른 신 회장이 낌새를 채는 것은 아닌가 싶어 투정 부리듯 말했다.

"회장님, 저희 좀 봐주세요. 영업의 최고수인 회장님이 마음의 문을 닫고 있는데 우리가 무슨 수로 그 문을 열겠습니까?"

"저에게 봐달라는 말은 통하지 않습니다. 잘 알 텐데요. 사실 지난 토요일 행사는 참 실망스러웠습니다. 정말 참신하지 못했어요. 저는 자선사업가가 아닙니다. 그런 방법으로는 결코 제 주머니를 열 수 없을 겁니다."

고수익은 지난 토요일에 신 회장에게 1차 시도를 했다. 당연히 회원들과 협의를 거쳐서 결정하고 행한 일이었다.

고수익은 그동안 친분을 쌓은 신 회장 어머니가 봉사활동에 열심이라는 점에 착안해 자선단체에 식자재를 기부하는 행사를 추진했다. 그 행사에서 신 회장이 자신의 이름으로 식자재를 기부하도록 유도할 계획이었다. 신 회장은 기부를 원하는 어머니의 마음을 외면하지 않을 것이었다.

행사 날짜와 장소가 정해지자 고수익은 신 회장 어머니에게 행사에 대해 알리고, 신 회장이 참석해서 축사를 해주었으면 한다는 부탁을 했다. 신 회장 어머니는 기꺼이 고수익의 부탁을 들어주었다.

미션은, 신 회장이 어머니를 모시고 행사장으로 들어올 때만 해도 성공 가능성이 높아 보였다. 신 회장이 축사를 마치고 어머니의 바람대로 식자재 납품계약서에 도장을 찍기만 하면 끝이었던 것이다. 때문에 회원 모두 은근히 기대를 가지고 신 회장의 움직임을 주시했다. 그러나 신 회장은 축사를 통해 모두의 기대를 단번에 무너뜨렸다.

"축사에 앞서 어머님께 존경한다는 말씀을 드리고 싶습니다. 어머님은 집안 형편이 어려울 때나 좋을 때나 늘 남을 돕는 일에 앞장서셨습니다. 저도 어머님을 닮아 가려는 노력을 게을리하지 않을 것을 이 자리에서 약속합니다. 또한 이런 기부행사가 많아지기를 마음속 깊이 기원합니다. 식자재는 저의 어머님 이름으로 기부하겠습니다. 앞으로도 어머님 이름으로 계속 후원하도록 하겠습니다. 바쁜 와중에도 참석해 주신 모든 분께 감사합니다."

고수익을 비롯한 회원들은 멍하니 신 회장을 쳐다보았다. 1차 시도는 명백한 실패였다. 신 회장은 자신이 아니라 어머니를 기부자로, 자신은 어머니에게 용돈을 드린 아들로 만든 것이었다.

하지만 회원들은 크게 실망하지 않았다. 신 회장이 이 정도의 미끼를 쉽게 물 사람이 아니라는 것쯤은 익히 알고 있었기 때문이었다.

"정말 너무하세요, 회장님."

고수익이 풀 죽은 얼굴로 우는 소리를 했다. 최대한 약한 모습을 보여서 신 회장을 방심하게 만들겠다는 것이 고수익의 생각이었다.

"제가 수많은 사람에게 상품을 팔아봤지만 이런 경우는 처음이라 어떻게 해야 좋을지 감이 안 잡힙니다."

고수익의 생각을 읽은 최대주가 난감한 표정을 지으며 엄살을 떨었다.

"회장님에게는 늘 감사하는 마음입니다. 저는 회장님과 월억회 회원

분들 덕분에 영업에 눈을 뜨게 되었고, 단기간 내에 수익을 이전의 몇 배로 끌어올릴 수 있었습니다. 돈도 많이 벌었지요. 앞으로는 더 많이 벌 거라는 확신이 제겐 있습니다. 그래서 매일매일이 기대되고 흥분됩니다. 하지만 이번 미션은 너무 어려워서 좀처럼 돌파구를 찾지 못하겠습니다."

한길로도 거들었다. 그 역시 고수익과 최대주가 무슨 생각을 하는지 알고 있었다. 나대박과 노하우, 나미래도 마찬가지였다.

"저는 다루는 상품이 부동산이라 아직까지 신 회장님에게 무슨 방법으로 접근해야 하는지, 그것조차 찾지 못했습니다. 시간을 좀 더 주셨으면 합니다. 한 달만 더 주시면 해낼 수 있을 것 같습니다."

나대박이 굳은 얼굴로 시간을 더 달라고 요구했다.

"휴우… 저도 시간을 더 주신다면 어떻게든 회장님에게 화장품을 팔수 있을 것 같은데… 모르겠습니다. 무엇보다 신 회장님이 마음을 열려고 하지 않으니 답답하네요."

노하우는 길게 한숨을 내쉬고 원망하는 투로 말했다.

"회장님, 엊그제 자제 분 앞으로 납품된 건 미션에서 제외되나요?"

막내인 나미래도 나서서 애원하듯 물었다. 어쨌든 의자와 책상을 구매했으니 미션에 성공한 것 아니냐는 얘기였다.

"나미래 씨, 엉뚱한 소리하지 마세요. 그건 미션과는 전혀 상관없는 일이에요."

신기루 회장이 나미래를 쳐다보며 말했다. 나미래는 신 회장과 눈이 마주치자 찔끔해서 연거푸 고개를 끄덕였다.

신 회장은 시선을 돌려 회원들을 돌아보았다.

"괜한 투정은 그만 듣겠습니다. 앞으로 일주일 남았습니다. 미션에 실패하면 그 즉시 월억회는 해체됩니다."

신 회장은 단호하게 말하고 물었다.

"모두 각오는 되어 있겠죠?"

"예….'

회원들은 일부러 기어 들어가는 목소리로 대답했다. 신 회장은 부디 좋은 결과가 있기를 바란다는 말을 끝으로 회의실을 나갔다. 남은 회원들도 회의실을 나와 모임 뒤풀이 장소로 굳어진 근처 식당으로 향했다. 그곳에서 저녁을 먹으며 사흘 후에 있을 신기루 회장 아버님 팔순잔치 때 미션을 성공으로 이끌기 위해 해야 할 일들을 최종적으로 점검했다. 오늘은 미션 마감을 앞두고 긴장해 있을 신 회장이 아버님 팔순잔치 날 만이라도 방심하도록 일부러 엄살을 부린 것이었다. 준비한 대로만 하면 결코 실패하지 않을 거라는 자신감이 그들에게는 있었다.

신기루 회장은 그동안 아이들 돌잔치나 집들이 같은 집안 행사에 김 비서를 비롯한 영업인협회 직원과 회원들을 초대하지 않았다. 아버님 팔순잔치에도 부르지 않았다. 가깝게 지내는 친척과 부모님 지인들만 초대했다. 사적인 일로 영업인협회 직원이나 회원들을 번거롭게 하고 싶지 않아서였다. 아내도 동의한 일이었다. 아내 역시 남에게 폐를 끼치는 것을 싫어했다.

그런 아내의 태도가 달라진 것은 한 달 전쯤이었다. 아내는 신 회장에게 아버님 팔순잔치에 오고 싶어 하는 영업인협회 사람들을 몇 분 모셨으면 한다는 뜻을 비쳤다.

"그분들이 누구인가요?"

신 회장은 궁금해서 물었다.

"알려줄 수 없어요. 그날 보시면 아실 거예요."

"비밀인가요?"

"네. 비밀이에요. 약속이기도 하고요."

아내가 웃음을 보였다.

"좋아요. 그럼 그 사람들을 초대하려는 이유는 뭐죠?"

"당신과 함께 같은 길을 걸어가는 사람들을 보고 싶어서요."

아내는 망설이지 않고 대답했다. 신 회장은 아내의 눈을 바라보았다. 진심이 담겨 있었다.

"알았어요. 당신 뜻대로 하세요."

신기루 회장은 더 묻지 않고 허락했다. 아내에게 접근한 영업인협회 사람이 월억회 회원, 그중에서도 노하우일 거라는 짐작은 신 회장도 하고 있었다.

신 회장의 짐작은 맞았다. 노하우는 여기저기 수소문한 끝에 자신의 고객 중에서 신 회장 아내와 친하게 지내는 사람을 찾을 수 있었다. 대화를 나눠보니 마침 그 사람도 노하우의 피부관리법 강좌에 신 회장의 아내를 데려오려던 참이라고 했다. 잘된 일이었다. 실제로 며칠 후 그 사람은 신 회장 아내를 데리고 노하우의 강의를 들으러 왔다. 덕분에 노하우는 신 회장 아내에게 쉽게 다가갈 수 있었다. 신 회장 아내는 외모가 단아하고 심성이 착한 사람이었다.

노하우는 정성 들여 신 회장 아내의 피부관리를 해주었다. 두 사람은 대화를 나누며 서로에게 호감을 느꼈고, 만남이 거듭되면서 어느덧 속마음까지 털어놓은 관계로 발전했다. 마침내 노하우는 신 회장 아내에게 월억회에 대해 설명하고, 미션을 받은 일을 솔직히 털어놓은 후 도움을 청했다.

"사모님께서 신 회장님 아버님 팔순잔치에 저희 월억회 회원들을 초대해 주셨으면 해요. 저희를 초대했다는 건 회장님께 비밀로 해주시고요. 저희가 준비한 특별한 이벤트가 있는데 사모님께서 따로 순서와 시간을 마련해 주셨으면 해요. 미안하지만 이벤트 내용은 사모님한테도 비밀이에요."

"그래요? 기대되는데요."

신 회장 아내가 재미있다는 듯 웃으며 말했다.

"그럼 승낙하시는 건가요?"

"네. 초대장 보내드릴 테니 오세요."

"고맙습니다."

노하우는 자신도 모르게 신 회장 아내의 손을 꼭 잡았다. 미션 성공으로 가는 한 단계를 넘은 것 같아 기분이 좋았다.

드디어 신 회장 아버님 팔순잔치 날이 되었다. 피로연 장소는 강남의 R호텔 7층 홀이었다. 시간은 12시부터였다. 노하우와 한길로는 회원들과 함께 시간 맞춰 피로연 장소로 갔다. 이벤트 준비는 신 회장 아내의 도움으로 어제 저녁에 마친 터라 여유가 있었다.

신 회장 아내가 연회장으로 들어서는 노하우 등을 반갑게 맞이했다. 신 회장은 그들에게 눈인사만 보냈다. 신 회장 아내는 안내원을 불러 노하우 등을 자리로 안내하도록 했다.

"역시 신 회장님은 우리가 올 줄 알았나 봐요."

나미래가 속삭이듯 말했다. 그의 시선은 연회장에 나타난 월억회 회원들을 태연히 맞이했던 신 회장을 향해 있었다.

"그러게요."

한길로가 메고 있던 백팩을 벗으며 말했다. 그 백팩에는 신 회장 부모님과 신 회장 부부에게 줄, 저자가 신기루인 책과 100만 원 상당의 산삼이 든 상자가 네 개 들어 있었다.

자리에 앉은 한길로 등은 기다리는 순서가 올 때까지 조용히 음식을 먹으며 사회자가 이끌어 가는 신 회장 아버님의 팔순잔치를 지켜보았다. 잔치 분위기는 흥겨웠고, 화기애애했다. 웃음소리가 끊이지 않고 흘러나왔다.

이윽고 1부, 2부 순서가 모두 끝나자 신 회장 아내가 월억회 회원들에게 다가와 말했다.

"이제 나가셔도 돼요."

"네. 알겠습니다."

최대주가 망설임 없이 일어나 무대로 나갔다. 신 회장 아내 지시로 대기하고 있던 안내원이 들고 있는 마이크를 최대주에게 건넸다. 최대주는 마이크를 받아 쥐고 자리에 앉은 사람들을 향해 뒤돌아섰다. 팔순연이 끝난 줄 알고 있던 사람들이 의아한 표정으로 최대주를 쳐다보았다. 최대주는 눈으로 나미래를 좇았다. 나미래가 객석 중앙에 놓인 프로젝트 빔 뒤로가서 서는 모습이 보였다.

"지금부터 오늘의 특별 이벤트를 시작하겠습니다. 기대하셔도 좋습니다."

최대주가 선언하듯 말했다. 나미래가 즉시 스위치를 눌러 스크린을 내리고 프로젝트 빔을 작동시켰다. 최대주는 사람들이 잘 볼 수 있도록 한쪽으로 비켜섰다. 스크린에 신 회장 아버님의 어린 시절부터 현재에 이르기까지의 사진과 사진에 대한 설명이 순서대로 떠올랐다. 이어 신기루 회장의 탄생과 20대에 200억대 매출 신화를 이룬 이야기 등이 사진과 자료영상으로 펼쳐졌다. 그다음으로 신 회장 어머니와 아내, 아이들 이야기가 역시 사진과 자료영상으로 소개되었다.

아이들 이야기를 마지막으로 동영상이 종영되자 손님들이 일제히 박수를 보냈다.

"이것이 끝이 아닙니다."

최대주가 박수 소리를 뚫으려는 듯 크게 소리쳤다. 순간 스크린이 올라가고, 처져 있던 장막이 양쪽으로 걷히면서 팡파르가 울리기 시작했다. 장막이 걷히자 '신00 어르신 팔순잔치 및 신기루 회장 자서전 출간 기념회!'라는 문구가 적혀 있는 플래카드가 보였다.

"모두들 나와서 보십시오. 어서요."

최대주가 자리에 앉아 있는 사람들에게 적극적으로 권했다. 사람들이 하나둘 일어서서 플래카드가 걸려 있는 쪽으로 걸어 나왔다. 신 회장도, 신 회장 부모님도, 아내와 아이들도 모두 나왔다. 플래카드 앞에는 신 회장이 아버님과 함께 활짝 웃는 얼굴로 나란히 서 있는 표지의 책들이 탑처럼 쌓여 있었다. 사람들은 책을 하나씩 집어 들고 펼쳐보면서 서로 이야기를 나누었다.

최대주는 책을 들고 신기한 듯 책장을 넘기는 신 회장 부모님을 바라보았다. 그들의 얼굴은 행복의 미소로 물결치고 있었다. 최대주는 월억회 회원들에게 나오라는 손짓을 보냈다. 한길로가 제일 먼저 일어서서 백팩을 들고 최대주에게 갔다. 다른 회원들도 뒤를 따랐다. 최대주가 신 회장 부모님 앞에 가서 섰다. 한길로 등은 최대주 옆에 일렬로 늘어섰다. 그들은 최대주가 무엇을 하려는지 알고 있었다.

최대주가 부모님에게 말했다.

"저희 월억회 회원들은 신 회장님을 통해 참으로 소중한 것을 얻었습니다. 그 은혜에 보답한 길이 없을까 고민하던 차에 신 회장님 아버님 팔순잔치가 있다는 사실을 알게 되었고, 서로 머리를 맞대고 의논한 끝에 이런 이벤트를 마련하게 되었습니다. 두 분이 안 계셨으면 신 회장님도 안 계셨을 테고, 그럼 당연히 오늘의 저희도 없었을 것입니다. 아버님,

어머님 신 회장님을 태어나게 해주셔서 정말 고맙습니다. 오늘 뜻깊은 자리를 빌려 감사의 뜻으로 두 분께 큰절을 올리겠습니다."

최대주를 비롯한 회원 모두가 일제히 무릎을 꿇고 신 회장 부모님에게 큰절을 올렸다. 절을 마친 한길로는 먼저 일어서서 백팩을 풀었다. 다른 회원들도 일어서서 백팩에 들어 있는 책과 산삼 상자를 꺼내 신 회장 부모님과 신 회장 부부에게 건넸다.

"저희가 정성을 다해 만든 책입니다. 신 회장님과 아버님 마음에 드실지 모르겠습니다. 썩 탐탁지 않아도 너그러이 양해해 주시기 바랍니다. 아버님 팔순잔치에 저희를 위한 자리를 마련해 주시고, 비싼 산삼까지 구입해 주신 신 회장님께도 진심으로 감사드립니다."

최대주가 대표로 말했다. 신 회장 부모는 물론 아내와 자식들도 자랑스러운 눈으로 신 회장을 바라보았다.

"에미야, 고맙다. 네가 아버님 팔순잔치를 꼭 해야 한다고 고집했던 까닭을 이제야 알겠구나. 책도 책이지만 이렇게 비싼 산삼까지…. 정말 고맙다, 고마워."

신 회장 어머니는 옆에 서 있는 며느리의 손을 꼭 잡았다.

"월억회 회원 여러분, 감사합니다. 이처럼 아버님과 어머님이 기뻐하시는 모습을 보니 저 역시 기쁩니다. 여러분이 저보다 더 제 부모님을 기쁘게 해주신 것 같군요. 해서 저는 사실을 말할 수밖에 없습니다. 월억회 회원들은 미션을 완수했습니다. 부모님과 저희 부부에게 준 책과 산삼은 제가 구매하지 않을 수 없네요. 제가 졌고, 여러분이 이겼습니다."

신 회장은 순순히 패배를 인정했다.

"와아!"

한길로 등은 일제히 환호성을 질렀다. 신 회장은 금방이라도 하늘을 날 듯 좋아하는 월억회 회원들을 햇살처럼 환한 얼굴로 바라보았다. 그는 월억회 회원들이 머지않아 각자의 영업 분야에서 최고가 되리라는 사실을 믿어 의심치 않았다.

무조건 반응이 일어나게 하는
전단물 노하우

:: 레터에 콘셉트, 문제, 해결, 로볼, 근거, 요청, 반복,
　한정의 8요소를 녹여라

한길로 등 월억회 회원들은 똘똘 뭉쳐서 신기루 회장에게 받은 미션을 성공시킵니다. 미션이 뭐였죠? 맞습니다. 신기루 회장에게 자신들이 취급하는 상품을 파는 것이었죠. 석 달 안에 말이지죠.

인공지능시대에 영업의 고수가 되고 싶다면 월억회 회원들처럼 함께 하면서 자신을 남에게 표현하고, 다른 사람의 말을 경청하는 연습을 하십시오. 고객이 자신을 사랑하게 하고, 우상처럼 받들게 하십시오.

길거리에서 무작정 전단지를 나눠주는 사람이 아직도 많습니다. 하지만 전단지를 받는 사람은 여전히 별로 없습니다. 받아도 대부분 자세히 보지 않습니다. 무심히 훑어보고 쓰레기통에 버리거나 아예 보지 않고 버리기도 합니다.

우리가 영업을 하면서 고객에게 전달하는 레터는 어떻습니까? 길거리에서 나눠주는 음식점 알림 전단지를 받고 바로 '여긴 꼭 가볼 거야'라고 반응하지 않는 것처럼 우리가 작성해서 고객들에게 보내는 레터도 그럴 거라고 생각해야 합니다.

전단지는 세일즈 활동에서 사용되는 레터의 일종입니다. 타깃을 정하고, 적절한 포인트를 찾고, 고객이 원할 만한 로볼을 만들었다면 이제 고객 유치를 위해 레터를 만들어 배포할 차례입니다.

레터는 크게 온라인 레터와 오프라인 레터로 나눌 수 있습니다. 어느 쪽으로 정하고 활용하든 그 목적은 같습니다. 레터의 목적은 레터를 받은 잠재고객으로부터 문자나 전화, 혹은 이메일이나 팩스 등을 통해 우리에게 답장하도록 만드는 것에 있습니다. 다시 말해 타깃 고객들에게 로볼을 제공하겠다고 제안해서 고객이 우리의 영업 프로세스 단계를 순차적으로 하나하나 밟아 올라오게 만드는 것에 있습니다.

레터를 만들 때는 콘셉트, 문제, 해결, 로볼, 근거, 요청, 반복, 한정의 8요소를 잘 활용해야 합니다. 이 요소들은 실제로 영업 프로세스를 구축할 때 적용해서 충분히 효과를 봤던 것이니 알려드린 대로 레터를 만들면 됩니다.

레터의 종류

온라인 레터	오프라인 레터
카페 글	전단물, 명함
카페 상단 타이틀	현수막,　FAX
카페 메인화면	택배 박스, 쇼핑백
쪽지, 이메일	영수증, 스티커
블로그 포스팅	비닐봉투
지식iN 답변 글 등	각종 판촉물 등
이미지와 텍스트로 이루어진 모든 홍보 가능 매체	이미지와 텍스트로 이루어진 모든 홍보 가능 매체

첫째, '콘셉트' 입니다. 콘셉트는 레터를 통해 우리가 얻고자 하는 기대 효과가 무엇인지를 결정하는 것입니다. 이 단계에서 잠재고객에게 어떤 로볼을 줄 것인지, 우리가 어떤 사람이라고 알릴 것인지, 또 고객이 어떻게 행동하도록 유도할 것인지를 정해야 합니다.

둘째, '문제' 입니다. 문제는 현재 또는 미래에 레터를 받은 잠재고객에게 벌어질 문제 상황들을 알려주는 문구를 말합니다. 이러한 문구는 레터에서 가장 눈에 잘 들어오는 상단에 헤드 카피로 쓰는 것이 좋고, 본문에서도 강조해야 합니다. 예를 들어 잠재고객인 '이제 더는 만나서 구매를 부탁할 지인이 없어 고민인 영업인들'에게 '연고시장이 떨어져 가시나요? 소개가 쉽게 나오지 않던가요?' 라는 식으로 그들이 겪고 있을 문제 상황을 강조해 주는 것입니다. 그러면 잠재고객에게 우리가 그 고민을 알고 있다는 사실을 알려주는 효과를 얻게 됩니다.

예를 하나 더 들어보겠습니다.

'오라는 곳은 없지만 갈 곳은 많다? 아직도 열정만 가지고 묵묵히 열심히 영업을 하시나요?'

비슷한 고민을 하고 있던 영업인이 이런 카피의 레터를 받았다면 어떤 반응을 보일까요? 충분히 카피에 공감하며 레터를 읽을 것입니다. 따라서 우리는 잠재고객의 문제를 건드려 관심을 갖게 만드는, 레터를 보고 고객이 고개를 끄덕이게 만드는 내용을 카피로 쓸 수 있어야 합니다.

셋째, '해결'입니다. '해결'은 잠재고객들로 하여금 문제가 말끔히 해결된 행복한 상황을 상상하도록 만드는 문구입니다. '해결'도 헤드 카피나 본문에 사용할 수 있습니다. 예를 들어 '남들과 달리 생리통 없는 그날을 원하시는 분'이라고 해결을 강조하는 문구를 쓰는 것입니다. 자녀를 서울대에 보내고 싶은 부모를 대상으로 하는 레터라면 '맨날 꼴찌만 하던 우리 OO이가 서울대에 합격했어요!'라고 적으면 좋습니다. 영업하는 분들에게 보내는 레터에는 '그냥 앉아만 있는데도 상담요청 전화가 쏟아지네요.'라고 쓰면 좋겠지요.

넷째, '로볼'입니다. 로볼은 앞에서 여러 번 설명했으니 잘 알고 계실 겁니다. 레터에서의 로볼은 로볼의 일부만 보이게 편집된 발췌본이나 고객의 눈길을 끌 만한 제목과 목차 정도만 제한적으로 넣으면 좋습니다. 레터를 통해 고객이 우리에게 로볼을 요청하도록 만드는 것이 목적이기 때문입니다. 따라서 잠재고객들의 호기심을 불러일으킬 수 있도록 로볼의 전부가 아니라 일부를 적절히 보여주는 것이 좋습니다.

다섯째, '근거'입니다. 근거는 잠재고객들이 레터를 보낸 사람에게 믿음이 생길 수 있도록 만드는 장치입니다. 추가적으로 레터 본문의 문구에 신뢰감을 갖게 하는 효과를 줄 수 있습니다. 예를 들어 제품을 사용해 본 고객들의 후기나 여러분이 고객과 함께 찍은 사진들을 넣는 방법이 있습니다. 일반적인 광고에서 흔히 볼 수 있는 전문가나 유명인들의 '증언식 광고testimonial advertisement'가 여기에 해당합니다.

여섯째, '요청'입니다. 요청은 레터를 받은 잠재고객들에게 어떻게 행동해야 하는지 구체적으로 알려주는 문구입니다. 레터에는 잠재고객이 연락할 수 있도록 보낸 사람의 전화번호와 이메일, 홈페이지 등을 적어놓아야 합니다. 그래야 레터를 통해 고객과의 접점을 만들어지고, 영업 프로세스의 다음 단계로 넘어갈 수 있습니다.

일곱째, '반복'입니다. 반복은 위에서 설명한 중요 사항들을 레터 전체

274

에 최소한 두세 번 되풀이하는 것을 말합니다. 그래야 잠재고객들의 머릿속에 레터의 중요 내용을 각인시킬 수 있습니다.

여덟째, '한정'입니다. 한정은 레터에 열거된 혜택이 언제나 누구나에게 제공되는 것이 아니라 레터를 받은 사람에게만 한정된 시간 동안 제공된다는 것을 알리는 문구입니다. 한정은 마케팅 캠페인에서 다양하게 사용되고 있기에 차별화된 새로운 아이디어를 도입하고자 하는 적극적인 자세가 필요합니다. 예를 들어 오프라인이라면 레터의 우측 하단부에 빈칸을 두고 그곳에 스탬프로 넘버링을 해서 무차별적으로 뿌려지는 흔한 전단물이 아니라 우리만의 희소성을 갖춘 레터라는 느낌을 받을 수 있도록 해야 합니다.

제가 알려준 방식대로 작성한 레터는 일반 전단지와는 달라서 레터를 받은 잠재고객이 다소 생소하게 느낄 수도 있습니다. 그러나 전단지건 레터건 목적은 사람들 눈에 띄게 해서 내용을 읽어보게 하고 고객으로 끌어들이는 것입니다. 예쁘고 세련되게 만드는 것이 아닙니다. 현수막, POP 등도 마찬가지입니다. 따라서 잠재고객의 연락을 받는 것이 일차적인 목적이라면 일단 저를 믿고 제가 알려드린 대로 해 보시기 바랍니다.

아울러 레터를 기획할 때는 잠재고객들이 레터를 받아보고 품을, 다음의 6가지 의문에 대해 깊이 생각해야 합니다.

첫째, 내가 왜 이 레터를 읽어야 하는가?

둘째, 도대체 이게 무슨 뜻인가?

셋째, 이게 나한테 무슨 이익이 있단 말인가?

넷째, 그래서 어쩌라는 것인가?

다섯째, 이걸 보낸 사람 말고 이런 말을 하는 이가 더 있지 않은가?

여섯째, 이걸 보낸 사람한테 구매한 이가 있는가? 있다면 누구인가?

레터는 이런 의문을 풀어주는 내용으로 작성해야 합니다. 그래야 고객들의 관심을 끌 수 있고, 호기심을 불러일으키고 마음을 사로잡을 수 있습니다. 그런 다음 로볼이나 개입상품을 활용하면 됩니다.

자, 이제 자신 있게 레터를 작성할 수 있겠습니까?

레터는 일단 만들고, 검증하고, 다시 만들고, 검증하는 과정을 거쳐야 점차 효과를 높일 수 있습니다. 다른 곳에서 볼 수 없는 우리만의 레터를 만들어 우리만의 효과를 볼 수 있기를 바랍니다.

이것으로 심길후식 영업 개척비법 강의를 마치겠습니다. 이 책을 읽은 영업인 여러분 모두 각자의 분야에서 최고가 되길 바랍니다. 항상 당당하게 영업하는, 한국을 대표하는 영업인 '한 · 영 · 인'이 되길 바랍니다. 파이팅!

성공 수강생 사례

어학원 에일리 사장님

주변에서는 한결같이 하지 말라고 하는 사업을 회장님이 이야기를 귀담아 들으시곤 교육비까지 당당하게 받으며 영어 뮤지컬 수업을 시작할 수 있게 해주셨습니다. 반응은 매우 폭발적이었으며, 문의 전화가 끊이지 않는다고 합니다.

월 2억 ! 건강식품 ! 노태경 사장님

협회의 교육을 받고 지속적으로 1:1 컨설팅을 통해 영업에 대한 감을 익힌 이후, 2012년 건강식품으로 매출이 월 1~2억 정도 날 만큼 사업이 안정화 되셨습니다.

변호사 사무소 전준민 사장님

현재 협회 방문 후 회사에서 인정받으시고 복지 조건이 좋아지고 몸값도 올라갔다고 합니다. 월 순수익 800 ~ 900만 원 정도를 올리고 계시며, 지역 개인회생 분야 최고의 전문 상담가가 되셨습니다.

부동산 류영숙 사장님

처음 부동산 시작할 때 3개월간은 계속 적자였지만 협회의 교육을 받고 1:1 컨설팅을 통해 자신에게 맞는 방법을 찾아 실천한 결과 3개월 만에 4 ~ 5천까지 수입을 내셨습니다.

네일용품 회사 김기현 사장님

회장님의 교육을 받고 2년간 영업하여 확보한 15군데의 거래처를 인계받았다고 합니다. 그리고 단 2개월 만에 거래처를 31 곳으로 늘리는 대박행진 !

알칼리이온수기 유헌무 사장님

유헌무 수강생은 알칼리 이온수기 아이템을 가지고 협회 수업을 들으며 하루 세시간만 자면서 교육을 실천하고 공부하였습니다. 그리고 현재 순이익 5억을 목표를 향해 순항 중 !

*작년 (2016년) 한 해에 협회 내에서 신규로 탄생한 월억회원만 9 명이며, 현재 기준 (2017년 5월) 신규 월억회는 4명입니다. 모든 분의 사례를 다 싣지는 못하지만, 그분들이 자랑스러운 건 한동안 잠도 안 자고 노력을 해서 이뤄내셨다는 것을 알기 때문입니다. 그리고, 협회 내에 수많은 성공사례가 배출되고 있는 이유는 대한민국에 없는 컨셉을 만들어 차별화를 하기 때문입니다.

두피센터 백경민 원장님

두피센터의 효능은 너무 좋은데 표현력이 부족한지 매출이 잘 뜨지 않았습니다. 협회 수업을 듣고 난 결과 지금은 샵 4개를 운영하는 대표가 되었습니다.

중고차 장성훈 사장님

제가 심길후 회장님을 처음 만났을 때는 중고차 판매원이었습니다. 그리고 지금은 중고차매매 3개를 운영하고 있으며, 직원 80명을 데리고 있는 대표로 성장하였습니다.

프랜차이즈 사업 김규태 사장님

예전에는 가격협상을 할 때 고객에게 끌려다니는 입장이었지만 교육을 들으신 후, 관공서 등 큰 주문의 성사율이 크게 높아지셨다고 합니다. 매출 또한 성사율처럼 쭉쭉 상승!

1인기업 창업교육 이승준 사장님

내 인생을 바꾼 분들로 심길후 회장님을 꼽아 주시는 분으로서 지난 한 달 동안 직장인 연봉의 세 네 배나 되는 수입을 올리는 고소득자이십니다.

식자재 유통 강민성 사장님

기존의 식자재 유통방식에 한국영업인협회 스타일의 영업 방식을 접목하여 현재 하루 3~4시간 정도 일하시고 월 3~4천만원 순수익을 거두고 계십니다. 협회에 오셔서 예비 배우자 이선영 사장님을 만나 연봉 6억 커플이라는 별명이 붙었습니다.

자동차 판매 지유대 사장님

여태까지 배웠던 것과는 다른 패러다임의 교육을 받고 본격적으로 사업을 시작하신 3주 전부터 신차 35대와 중고차 30대 남짓을 판매하여 3,400만 원의 월수입을 올리셨습니다.

부동산 김현대 사장님

회장님을 만나 영업 프로세스를 만들고 열심히 멘트 연마와 브랜딩을 하신 그 결과 매출 상승 곡선을 타셨다고 합니다. 지금은 협회 내의 월억회(월에 1억 넘게 버는 모임)에 입성하셨습니다.

국토정책연구소 김일석 소장님

저는 특별함으로 차별성을 두고자 회장님을 뵙게 되었고 국토 정책 연구소로 브랜딩을 시작하셨습니다. 회장님의 말씀을 꾸준히 실천하니 성과가 나오시며 매출이 몇십 배나 늘었습니다.

성공 수강생 사례

분양 한유정 사장님

조직관리 및 꾸준한 매출을 위해, 협회와 인연이 되었고, 컨설팅 이후 탄탄한 성장을 이루고 있습니다. 컨설팅 1년이 채 안 되어서 월억회 (월에 1억 넘게 버는 모임)에 입성하는 등 좋은 소식을 많이 전해주고 계십니다.

피부관리샵 이선영 원장님

어떻게 하면 매출 상승과 고객 만족을 시킬 수 있는지 고민하다 협회와 인연이 되셨고, 현재는 월 2500 ~ 3000만원 정도의 순수입을 내는 자랑스러운 분입니다.

의자왕, 연 매출 10억 ! 이동진 사장님

영업을 배우러 왔다 인생을 배웠다!
한국영업인협회를 다녀가신 이후 작년 한 해 (2016년) 혼자 일으킨 매출만 연 10억이 넘는다고 하십니다.

명품 창업 황규명 사장님

협회에 오셔서 회장님과 새로이 프로세스 구축을 하셨습니다. 또한, 회장님의 멘트를 많이 연구한 결과 고객들의 구매율이 번쩍 뛰어 해외 진출까지 하셨습니다.

보험지사 MVP 이로아 사장님

멘트를 수정·보완하고, 만날 고객을 늘린 이후부터 계약률이 높아져서 회사 내 MVP를 달성하고 초고속 지점장 제안을 받는 등 좋은 결과들을 내고 있습니다.

앤씨파트너스 유승헌 사장님

처음 협회에 들어오셨을 때는 많이 지치고 소극적인 태도셨습니다. 그러나 협회에서 배운 노하우를 적극적으로 활용한 결과 교육을 받고 셋째 달에 월수입 1,500만 원을 벌게 되었습니다.

키친 클렌징 연구소 김상국 소장님

아이템은 좋았으나, 잘 팔리지 않는 것 때문에 인연이 되었습니다. 컨설팅 이후, 주부와 업체들의 골칫덩어리를 해결해 줌으로써 올해에는 대형 업체와의 대량 계약으로 월억회에 입성하였습니다.

자동차 장기렌탈 전상민 사장님

계약이 생각만큼 잘 나오지 않았었는데, 협회의 교육으로 전사 통합 월 판매 1위를 달성하고, 계속해서 성장 중이십니다.

연금형 부동산 연구소 황준석 소장님

다년간 회장님의 컨설팅으로 조금씩 성장해 가다가 급기야 2015년에는 한 달 9억 8천의 순수익을 내셨으며, 이제는 부동산 투자자들이 먼저 찾는 부동산 전문가이자, 현장 전문가입니다.

직장인 부동산 연구소 부동산 여왕 이나금

이나금 대표님은 가지고 계시는 능력을 바탕으로 회장님께서 컨셉을 잡아주신 결과, 투자 수익 및 분양, 교육으로 월 10억이 넘는 순수익도 올릴 정도로 승승장구 하고 계십니다.

자라다 남아 미술학원 최민준 원장님

2007년도 회장님과 인연을 맺을 당시, 교수법과 재능은 워낙 출중 했으나 홍보와 마케팅이 조금 미흡했습니다. 회장님과 지속해서 컨설팅을 한 결과, 지금은 대중들에게 바른 교육을 몸소 실천하며 사랑받고 있습니다.

보듬 컴퍼니 개통령 강형욱

강형욱 대표님은 애견훈련에서 충분한 경력과 능력이 있었지만, 인지도가 부족하여 회장님과 브랜딩에 관련한 컨설팅을 진행하였습니다. 그 결과 차별화 전략에 성공하여 각종 언론에서 유명세를 떨치고 있습니다.

버터플라이 인베스트먼트 신태순 대표님

협회 교육 수료 후 자신의 타겟을 '어린이 경제'에 맞추고 국내 최초 멘탈 재테크 강의 '`어린이 경제 교육 박사`'로 컨셉을 탈바꿈 하여 매출이 상승하였고, 그 내용을 토대로 새로운 사업도 재째게 알려나가고 있습니다.

물류유통 월 1억 달성 이재훈 대표님

협회 수업을 들으시고 난 후 소셜커머스를 통해서 단기간에 화장품 매출 3억 원을 올리게 되셨습니다. 그 후 창업을 하게 되었고 지금은 협회 내의 월억회(월에 1억 넘게 버는 모임)에 입성하셨습니다.

개빌라 박준영 & 박준규 사장님

회장님의 컨설팅에 따라 컨셉있는 빌라를 건설하게 되었고 (견주를 위한 빌라), 그 결과 기사도 나고, 베스트 셀러에 올라가시며 뉴스에 까지 나오게 되는 등 브랜딩에 성공하여 승승장구 중 입니다.

랜베스트 김창규 이사님

협회 수강 후 영업 실적이 나오지 않으셨던 지난날은 잊어버리신 듯 큰 계약들을 성사시키며, 최근에는 부동산 업계의 큰 업체에서 스카우트가 들어와 회사 내 이사님으로 활동하고 계십니다.

한국영업인협회
심길후 회장

경력사항

2004 ~ 20대 사장 만들기 설립 (한국영업인협회 전신)
2005 ~ 유통업체 수야 인터내셔널
2006 ~ 심길후 멘토링 시스템 운영
2007 ~ 혁신적인 상품 전문 세일즈 대행 기업
　　　 "세일즈 슈퍼스타" 대표
2008 ~ 서울시 제 1095호 한국영업인협회 비영리민간단체 등록
　　　 한국 창업 대학생 연합회 KOSEN 부회장 등
2012 ~ 한국영업인협회 사단 법인 설립

저서

꿈은 기회비용을 요구한다

26세, 100억 부자

26세, 100억 부자 2

영업의 정석

거절없이 사게 하라 거침없이 판매 하라

세상에 나의 꿈을 소리치다

심길후 TV

심길후TV

심길후TV 소개

영업에 대한 어려움 또는 본인만의 사연을 신청해 보세요. 심길후TV에서 사연을 채택후 여러분의 고민을 함께 해결 할 수 있는 시간을 갖습니다. 실질적인 세일즈 노하우에 관련된 내용으로 대한민국의 모든 세일즈인들에게 힘과 용기를 주고, 더 나아가서는 매출 증대까지 이어질 수 있도록 우리 영업인들의 성장과 성공을 도와드리겠습니다!

▶ TALK   Youtube 검색창에서 '심길후TV',
카카오플러스친구 '심길후TV'를 검색하세요.

심길후 TV 와 플러스친구 하는 방법!

1. 카카오톡 친구목록을 클릭. / 2. 검색창에 심길후 TV를 입력. / 3. 검색된 심길후 TV 플러스 친구 추가

심길후 TV

Contents 주하효과

멘트부터 응대 자세, 클로징 잘하는 법 부터 깨알같은
눈썹 위치 하나 까지 코칭해주는 명품강의 주하효과!
따뜻한 협상, 주하효과로 당신을 초대합니다.

주하효과 : 한국영업인협회 김주하대표님의 강연을 듣고
강연효과를 일컬어 " 주하효과 " 라고 합니다.

세일즈 여왕 주하효과 - 고객의 지   세일즈 여왕 주하효과 - 일상속의   세일즈 여왕, 주하효과 38 대화에   세일즈 여왕, 주하효과 37 남에게   세일즈 여왕, 주하효과 36 어감 차
갑을 열게하는 방법   마케팅 전략!   서 막혔을 때 대처법!   반감을 살 필요는 없다   이의 중요성

Contents 하루 한 알 영업 비타민

심길후TV 카카오 플러스 친구를 등록하시면 평일 오전
매일매일 여러분의 '영업에 비타민 같이 도움이 되는
강의 영상을 ' 보내드립니다.
영업 비타민 (영상) 한 알 로 경쟁력 있는
영업인이 되시길 바랍니다 !

Contents 최신 성과와 노하우 모음

월 천이 상식인 곳! 월 억이 현실인 곳!
한국을 대표하는 영업인!! 한영인에 오신 것을 환영 합니다.
월 천만원 소득을 넘어 월 억을 돌파해 나가며 노력하는
수강생 분들의 최근 성과를 모아 보았습니다.